JN057167

弁護士の本棚

栴　檀
せん　だん

—— 自分らしく生きた人々

四宮章夫 著

発行　民事法研究会

推薦の辞——生涯を求道心、足らざるを知る24話

弁護士法人 関西法律特許事務所
弁護士・法学博士　今中　利昭

　栴檀は「香り高い木」である。栴檀の花言葉は「意見の相違」とされている。この栴檀は、本書の書名『弁護士の本棚栴檀——自分らしく生きた人々』の「冠」とされている。著者が栴檀を書名とされた真意は、読者が第1話、第2話、第3話と順次、読み続けられれば自ら読み取ることができるものである。

　第1集『弁護士日記秋桜』奥田昌道氏推薦(2012年)、第2集『弁護士日記すみれ——人に寄り添う』柳瀬隆次氏推薦(2015年)、第3集『弁護士日記タンポポ——幸せな時代を生きて』伊藤眞氏推薦(2017年)、第4集『弁護士日記山ざくら——弱い人を守る社会を願って』谷口安平氏推薦(2018年)に続く第5集が、本書『弁護士の本棚栴檀——自分らしく生きた人々』である。著者は、2011(平成23)年7月7日朝、突然脳梗塞に襲われた不幸により自らの「死」に直面されたのを機会に「弁護士日記」を詳細に書き始めるという、常人にはとても模倣できない才能を発揮され、出来上がったのが前記第1集、第2集、第3集、第4集である。

　著者は、その経歴が示すとおり、「栴檀」のような香り高い人であり、今日までに裁判官・弁護士・学者として、本書のタイトルのように「自分らしく」生きてきた学究的法曹の大家である。私は、著者が大阪地方裁判所に判事補として勤務され、私の弁護事件を担当された同地裁第6民事部に在籍された当時から、今日の著者の如き学者的弁護士として大成されることを確信して長きにわたり交際をさせていただいてきたのである。

　さて本書は、著者が今日までに心に深く刻み込まれた24人の人々の孤独性・独立性を生涯持ち続けた足跡、生き様を克明にたどられた記録である。本書の第1話から第24話までの24人の歴史上に存在した人物像について、各

話の冒頭にその人となりの「紹介記事」が一行文で記されており、この一行文は、各人物の生涯を通じて著者の深くかつ熱い「思い」の発露であり、各話を読み始める前に、その内容を想像しながら読み進めることにより、著者による当該人物の評価の現代性を読み取ることができる書である。

24名中20歳代の生涯の人が第12話村山槐多、第14話長野一郎の2名、30歳代が第8話佐伯祐三、第9話中村彝の2名、40歳代が第6話尾崎放哉、第11話谷中安規、第13話村田蔵六の3名は、今から思えば短命の間に大義を成し遂げた人々である。日本を愛して日本に帰化したうえで独特の世界を創り出した第1話ヴェンセスラウ・ジョゼ・デ・ソーザ・モラエス、第2話ラフカディオ・ハーン、異色の俳人である第3話會津八一、第4話小林一茶、第5話種田山頭火、第6話尾崎放哉、独特の画家・版画家である第7話田中一村、第8話佐伯祐三、第9話中村彝、第10話棟方志功、第11話谷中安規、第12話村山槐多、医業に生きた第14話長野一郎、第15話緒方洪庵、第16話原老柳、第17話小笠原登、故郷の人々の生活を支えるために命を捧げた第18話佐倉惣五郎、第19話中村興次兵衛、第20話坂本養川、人類学・考古学・民俗学・生物学等の研究に生涯を捧げた第21話宮坂英弌、第22話鳥居龍蔵、第23話井尻正二、第24話南方熊楠、と紹介されている。中でも、日本陸軍の創始者でありながら、自らの思想に基づいて研究を続けたことにより志半ばで倒れられた第13話村田蔵六（大村益次郎）は、著者の視点と生き方の深究に基づいた紹介であり、著者の現在の思想の内容を知ることができる。

本書の読者が、第1話の読後感を思い浮かべられ、第2話に読み進み、第3話へと読み進める途中においては、三人三様の「香」を発した人生であったことを感じ始めるはずである。第12話村山槐多、第14話長野一郎は、20歳代で自らの死を通して独特の「香」を放つ人生であることを思い知ることができる。著者が2011（平成23）年7月7日、病によって死に直面されなければ、少なくとも本書は出版されることはなかったのではないか。本書は、24人の「伝記」ではなく、24人の「生き様」を著者自らの哲学、思想、価値観、人生観、倫理感などの内面性を軸にしてまとめられた著者による「人物評」である。24名の歴史上の大義に生きた人々の「生き様」の凄さ、独立独特の

「香」を放って人生を終息した人に感得された24名の「香」と、著者独特の「香」を本書の「あとがき」を読み直すことによって知得することができるのではないだろうか。

　最後に、著者が本書を25話でも30話でもなく「24話」に限定された意図は、読者の判断に委ねられたものと考えているところである。いずれにしても、本書は座右に常備して、時に応じて読み続けられるべき良書として本書を推薦するものである。

　2020（令和2）年11月吉日

1　根皮・樹皮・果実に薬効があり、漢方では薬剤に使われている（『園芸植物辞典〔第1巻〕』1303頁（小学館、2004年第4刷））。これは本書の24人の人生を確認すれば、読者の人生の「薬」とすることができることを意味しているといえよう。「栴檀は双葉より芳し」「栴檀は双葉より匂う」の意味は時田昌瑞著『岩波ことわざ辞典』（岩波書店、2000年）に詳しい。
2　栴檀の花言葉「意見の相違」とされていることを「人生の生き方（香）の相違」と読み替えてみれば、本書の24人の人生の相違（香）の鋭さ、凄さを読み取ることができる。

『弁護士の本棚　栴檀』

●目　次●

目 次

ヴェンセスラウ・ジョゼ・デ・ソーザ・モラエス

第1話

虐げられた女性を愛した孤愁の男

　私の郷里徳島県に住み、日本文化を母国ポルトガルに報告することにより、日本と西洋との橋渡しをしたヴェンセスラウ・ジョゼ・デ・ソーザ・モラエス（以下、モラエスと表記する）は、1915年12月、後に『日本精神』に収録された「日本の教育」と題する一文の中で、次のような鋭い指摘をしている。

　「学生は上級学校に進む。子供の頃の陽気さは消える。若者は重々しく考えぶかくなる。各人の固有の性格的特徴は溶解するかのようになる。個性は霧散する。（中略）学校における教育は、生活にとって役立つという点でできる限り同じような有用な人間を育てることを目指している。愚鈍な者は確かに望ましくないが、例外的にきらめく頭脳も望ましくない。誰もが、同一の型式にしたがい同じようでなければならない。例外は常に危険とみなされる。他のすべての人のささやかな割合の知識と合することになるささやかな割合の知識をもってそれぞれが公益に寄与し、全員が協力し合い、争い合わない、大きな野望や不穏な怒りっぽさをもたない人間が求められる」。

　「教育が日本精神のきわめて興味深い特徴——没個性への傾向を堅固にしてきている。この特性によって、個人は思索する単位としての自己をとり除く傾向にはしり、より大きな単位——国民——の一部としてのみ協力する、言いかえれば、個人の利己心を犠牲にしながらも、公益に奉仕することになる」。

　時は大正時代、折から、政治・社会・文化の各方面における民本主義が発展したといわれる時代、自由主義的な運動、風潮、思潮の総称として「大正デモクラシー」という言葉が用いられていた。

　しかし、民本主義は、「人民多数のための政治」を強調する主義に過ぎず、「主権の所在」を問わなかったから、1935(昭和10)年、天皇機関説(議会制を

中心とする立憲主義)が排斥され、天皇主権説が政府の公式見解とされるとともに、これを主導した右翼勢力、軍人の力が拡大し、やがて世界を太平洋戦争に巻き込み、日本国民のみならず東アジア全域に未曾有の惨禍をもたらすことになる

　モラエスは、こうした大正デモクラシーの退潮などの原因が、明治以後の日本の教育制度にあることを、巧まずして見事に看破していたことになる。

　極めて個性的な人生を徳島県下で送ったモラエスは、安政元(1854)年5月30日、リスボン市内の旧家に一男二女の長男として生まれる。両親は従兄妹同士で、父はヴェンセスラウ・ジョゼ・デ・ソーザ・モラエス、母はマリア・アマリア・デ・フィゲイレド・モラエス。モラエス家の長男は代々父親の名前を承継し、モラエスは4代目で、ジュニアと自称していた。孤独癖のある、非活動的、夢想的な少年として育ち、手製新聞や詩集、詩劇を残し、文学少年に育つ。

　モラエスは、1865(慶応元)年にはリスボン市内のコレジオ・デ・サント・アゴスティニョ(小学校)に、1869(明治2)年には国立リスボン・リセ(後期中等教育機関)に通っていたが、1871(明治4)年卒業し、同年8月29日陸軍歩兵第5連隊に志願兵として入隊。この年父親死亡。

　1872(明治5)年海軍特別見習士官に転身、この頃淡い初恋に破れる。

　1873(明治6)年10月、海軍兵学校の予科を終了して見習士官となり、海兵科1年に進み、俸給を受けてモラエス家の経済を担うようになる。この頃、モラエス家の階下の2階に、モラエスより8歳年長の美しいマリア・イザベル・ドス・サントスが夫および姑と住まい始める。

　1875(明治8)年10月21歳時に海軍少尉に任官、翌年『屋根裏の秘密』を執筆、この年万国博物会に関係者と出品物を運ぶためにフィラデルフィアを訪れる。

　1977(明治10)年モザンピーク勤務、奴隷密貿易取締り等にあたるが、やがてマリア・イザベルとの間で文通が始まり、1979(明治12)年、帰国後二人の

関係が深まり、肉体関係に入る。

　1881(明治14)年11月、中尉として「ミンデロ号」に乗船し、再びモザンピーク勤務が始まり、ザンジバルとの間の国境紛争に備えてトゥンゲ湾に出動し、1883年8月いったんリスボンに帰着、1884(明治17)年1月モラエスは軍事裁判所裁判官に任命された後、同年5月砲艦「リオ・アヴェ」に配属され、12月4日まで南部アルガヴェ地方で税関業務に就き、地元の若い娘と恋愛関係に入る。

　1885(明治18)年、モザンピークに赴くが、母の死に接して神経症が昂じたため、州保険委員会の意見により翌年1月リスボンに帰り、60日の病気休暇を与えられた後、1886(明治19)年10月大尉として第3回モザンピーク勤務。

　ザンジバルとの紛争により、1887(明治20)年2月砲艦「ドーロ」に乗艦してトゥンゲ湾に出動、ポルトガル軍がメニンガネを占拠した後、パルマ要塞防衛のためモラエスが最高指揮をとる救援軍がメニンガネに上陸。

　その後、モラエスは帰国するが、アルガヴェ地方での浮気が知られて、やがてマリア・イザベルとの恋は破局する。

　1888(明治21)年自らマカオ行きを選び、同年7月マカオ分隊の主艦であった砲艦「リオ・リマ」副官として配属され、艦の修理のために香港に行き、10月28日までの滞在中に、デンマーク人男性と中国人女性との間に生まれた当時14歳の亜珍を契約妻とする。

　1889(明治22)年8月4日から日本を初訪問し、この時は長崎、神戸、横浜に立ち寄り、9月4日マカオに戻る。モラエスは、この時の長崎の思い出を『極東遊記』の1編「日本の追憶」に綴っている。

　1890(明治23)年1月、砲艦「テジョ」がマカオの海域主艦となり、モラエスは副官、しばしば臨時艦長となり、翌年1月マカオ分隊臨時隊長も務める。同年3月亜珍が長男ジョゼを出産。

　1891(明治24)年8月3年間のマカオ勤務を終えてリスボンに帰任したが、12月22日マカオ港港務副司令官に任命され、少佐に昇進、同月30日生阿片輸出入取締監督官にも任命され、その頃亜珍を身請けし、翌年次男「ジョア

ン」が生まれる。

　1893（明治26）年兵器購入のため日本出張を命じられ、6月15日から10月中旬まで来日、大阪の陸軍兵器工廠で、圧縮青銅75cm砲身6門と附属品、弾薬からなる山砲台1式、他に砲身2門、備品2箱を購入し、この間、鎌倉、日光にも訪れている。同年11月30日国立マカオ・リセの教授に任命され、この年の12月30日中佐に昇進する。

　1894（明治27）年7月、気象観測用の器具の購入等のために日本出張、神戸で下船し、大阪、京都、名古屋を経て横浜に赴く。

　同年7月、病気を理由に約2カ月休暇を取り、『大日本』執筆のため訪日し、この年、それまでリスボンの新聞に発表していた短編をまとめた『極東遊記』が出版される。翌年亜珍名義でマカオに家屋を購入する。

　なお、その後、モラエスは、日本に関する沢山の本をリスボンやポルトあるいは日本で出版するが、その都度掲げるのは煩に堪えないので、1897年から1928年までの間に出版された主なものをここに掲げておくと、『大日本』、『茶の湯』、『日本通信第1集から第4集』、『シナ・日本風物詩』、『徳島の盆踊り』、『正午の号砲』、『日本におけるフェルナン・メンデス・ピント』、『日本歴史』などである。

　1897（明治30）年2月、マカオ港港務司令官ブランコ大佐が解任され、新司令官にシルヴァ少佐が任命されたことから、中佐の自分が少佐に飛び越されたことに屈辱を覚えたモラエスは、軍務継続の意欲を失い、折からティモール用の新船舶建造工事の責任者として、新船用兵器の購入のため訪日していたことから、神戸領事に任命されるよう運動を始め、1898（明治31）年11月22日遂に神戸大阪ポルトガル領事館臨時運営に任じられ、神戸大阪ポルトガル領事事務取扱を経て、1899（明治32）年9月29日正式に神戸大阪ポルトガル領事となる。

　時期は不明であるが、モラエスは、1875（明治8）年生まれのおヨネと知り合い、1901（明治34）年前後には懇ろな関係になっていたと考えられており、

同年神戸の一番の料亭、諏訪山の「常盤楼」で結婚披露宴が開催されたとも
いわれている（デコウト光山姫『モラエスとコウト友情物語』（新人物往来社、
2001年））。

　モラエスは、1902（明治35）年6月臨時イタリア領事を兼任し、1903（明治
36）年、第5回内国勧業博覧会が大阪で開催された際には、モラエスの奔走
によりポルトガル物産が展示される。この年東京にポルトガル公使館が設置
された。

　日本では、1904（明治37）年2月10日に始まった日露戦争が、翌年9月5日
日露講和条約締結により終結するが、モラエスの母国では、1908（明治41）年
2月1日、国王カルロス1世と皇太子ルイス・フェリペが共和主義者により
暗殺され、マヌエル2世が即位するも、1910（明治43）年10月4日リスボンで
共和革命が成功し、翌日ポルトガルは共和国となる。

　1912（大正元）年8月20日、ヨネ死亡、享年38歳（モラエスは58歳）。彼女の
最晩年、モラエスは神戸福原遊郭の遊女永原デンと関係を持ったが、性生活
を禁止されていたヨネがそれに気付き、自分の死をモラエスが望んでいたと
思い込み、モラエスを恨みつつ死んだのではないかと悩むうちに、極度の神
経衰弱となり、やがて、自分の神経を鎮めるにはヨネの眠る徳島で余生を送
るしかないと考えるに至り、1913（大正2）年4月17日頃、ヨネの親族と相談
するために徳島を訪れて、ヨネの墓参りをするとともに、自分の身の回りの
世話を、ヨネの姉のトヨの妹でありヨネとは夫婦養子縁組をしたユキ夫婦の
子で、ヨネの最期を看取った1894（明治27）年生まれのコハルに依頼すること
になる。

　同年6月10日神戸ポルトガル総領事辞任と海軍軍籍離脱を大統領に願い出、
7月4日頃に徳島市中洲港に到着、同月21日総領事辞任願いが受理される。

　1914（大正3）年4月コハルに長男花一が生まれるが、間もなく死亡。翌年
9月にも次男朝一が生まれるが、1916（大正5）年8月コハル喀血して入院、
10月2日死去、享年23歳。引き続き、1918（大正7）年10月3歳の朝一が、
1919（大正8）年7月13歳のコハルの妹千代子が死亡。

　同年6月には亜珍と長男ジョゼが来日、亜珍から結婚を求められるがモラエスは拒否し、1927(昭和2)年、再び亜珍が来徳し、1週間程モラエスの世話をしたのが最後の出会いとなる。

　コハル死亡後モラエスは、コハルの母親ユキの助けを受けながら、孤独で質素な独居生活を続けていたが、1924(大正13)年頃から地元新聞に「知られざる日本の理解者」として紹介される等、日本人との交流も生まれ、故国ポルトガルでも再評価がなされるようになる。

　1929年病状悪化、神戸ポルトガル領事夫妻が来徳し、看病すると申し出て神戸移転を説得するが、徳島で生を終えたいとするモラエスの意思は固かった。彼は、かねてから、ヨネを中心とする周りの人々との思い出の中で一生を終えることを希望していたのである。

　死の10年前に、彼は『おヨネとコハル』(彩流社、1989年)の「笑ったり泣いたり」の中で、すでに、次のように記している。

　「6年間以上も私はここ徳島のこの同じ家で暮らしている。(中略)たいていは、よそごとを考えていて、心ここになくぼんやりしている。いきなり私の注意はどこか、小っぽけなつまらない物、棚の上に埃まみれになってのっている、たとえば陶器の人形に集中する。すると、不意に、その来歴のすべてをはっきりと思い出す。その人形はずい分昔から持っている。私のことを気づかってくれる誰かがまだいた頃に贈物として貰ったものだ。やさしい手がその上にいくたびも置かれた、後に火葬場がその炎で焼き焦がし灰にしてしまったやさしい手が……。ああ、追慕の情が、孤独な人間のいやしがたい追慕の情が悲しみの流れとなって私の全存在に入り込む！……目に涙があふれるものを感じる……」。

　モラエスは生粋のポルトガル人であるが、彼らの気質あるいはメンタリティーのことは、「サウダーデ」と呼ばれ、この言葉は「孤愁」、「郷愁」、「愛惜」、「追憶」、「追慕」等の日本語に訳されている。まさに彼は、16年間の徳島隠棲生活をサウダーデに生きたといえる(森本義輝『サウダーデの男モラエス』(東京図書出版会、2004年)、新田次郎＝藤原正彦『孤愁〈サウダーデ〉』(文藝

春秋、2012年）、文庫本・文春文庫（2015年）参照）。

　1929（昭和4）年7月1日、モラエスは、自宅で遺体となって発見される。享年75歳。

　以上、主として岡村多希子訳『日本精神』（彩流社、1996年）、岡村多希子『モラエスの旅』（彩流社、2000年）、林啓介『「美しい日本」に殉じたポルトガル人』（角川選書、1997年）による。

　死後、日本が軍国主義一色に染まっていく中で、モラエスは、「日本人の内的生活を理解し、日本人を慕い、日本婦人を妻に持ち、我国に関する著書十数冊を著し、（中略）日本の無類の歓美者であった」等として、徳島県や日本政府から顕彰されるようになり、ファシズムに利用されたが、おヨネ亡き後、老いて先行き短い晩年を彼女の墓のある徳島で静かに送ろうとしたモラエス自身にとっては、迷惑かつ騒がしかったものと考えられる。

　戦後そうしたブームも去った1954（昭和29）年7月1日、当時の徳島市長が、モラエス忌にあたってモラエス生誕100年祭を営み、顕彰碑を建立したほか、2004（平成16）年10月18日には眉山山頂でモラエス像の除幕式が行われるなど、二人目のハーンとも呼ばれるモラエスは、徳島県下では、広く慕われている。

　その孤独な生き方に心惹かれた吉井勇は、次のような歌を残している。

　「モラエスは　阿波の辺土に死ぬるまで　日本を恋ひぬ　かなしきまでに」

　モラエスは、恋多き人生を歩み、亜珍を契約妻とし、家庭を持つようには育てられなかった彼女に失望して婚姻に至らなかったものの、所有者から買い取って自由の身にしたほか、子どもとともに住む家を与え、彼女と二人の子どもの生活を支え続けた。また、遊郭芸者をしていたおヨネを身請けして、その追憶のために来徳するに至っているばかりか、その姉の斉藤トヨ夫婦の生活も支え続けた。

　そして、ユキ夫婦の子のコハルとも関係を持ち、若い彼女からは当然ともいえる裏切りにあったが、徳島県出身の瀬戸内寂聴は、人形浄瑠璃の脚本『モラエス恋遍路』（実業之日本社、2009年）を著して、コハルを許すモラエス

の姿を描いている。

　ちなみに、モラエスは、生前おヨネの墓に入ることをついに許されなかったために、遺言書にはコハルの墓に入ることを望むと書き残し、この願いは容れられている。

　また、モラエスの遺産は、遺言書に基づき、永原デンにも贈られている。

　彼は、最初の人妻との恋愛は別として、その後は常に日陰にいる女性達に恋をし、世話をし、その一人であるコハルの墓の中で静かに眠っているのである。

　モラエスが日本の風景と生活とを描き出した著作を読んでいると、えも言われない落ち着いた気分になる。

　ここでは、私が2011年の暑中見舞いに『徳島の盆踊り』から引用した晩年のモラエスの文章を紹介しておきたい。

　「この徳島の土地を初めて踏んだある美しい夏の午後、これが永住の地と定められていたささやかな住居へ歩いていく路すがら受けた印象だけは、今もなお断じて忘れがたい。万目これ緑の印象だった。とぼとぼと歩み行く二軒屋町の長い街路に沿うて、群松がこんもりと濃い影をつくる美しい小山が、意気ようようとそびえ立っていた。そうしてその山やあたりの稲田や畑から、生い茂った草木の烈しい香気が、鋭くおそいかかってきた——まるで、『母なる自然』からほとばしり出る、生命の神秘な発酵物の気のように。緑、緑、ただ、万目これ緑だ！」

　モラエスは日本と日本人を愛したが、個人主義者として自らの人生を選択した彼は、日本人の全体主義思潮を支持していたわけではない。

　私は冒頭に、モラエスが100年以上前に「日本の教育」について記した言葉を紹介したが、彼は、続けて、「あらゆる種類の野心が沸き立っている急迫する極東問題を前にした現在およびこれまでの日本の微妙きわまる政治的立場は、あらゆること、あらゆる人々に対し日本が守勢に徹することを求めている。このような状況にあっては、大衆の協働は個々人の発意よりもはるかに大きな価値をもっている」と理解を示す一方、「日本の生産力が消費と

輸出の必要量を上回るほど増大し、個人の発意が多分推奨に値する、そういうはるかな時代は、もし来るとしても、予想しがたい」と述べていた。

　昭和時代の末期、日本はモラエスが予想できなかった経済繁栄の時代を迎えたが、日本社会は個人主義の方向に向かわなかった結果、一人当たり実質国民総生産は、年々下降の一途を辿るようになっている。

　日本は、モラエスが社会・経済の発展の後に必要になると考えていた個人主義尊重の方向へのギア・チェンジをすることができず、教育制度の根幹が変わらないばかりか、持続的に進行する社会の保守化、右傾化によって、個性がより一層抑圧される方向に向かっている。

　そのことが、これまでとは逆に、経済低迷の原因にもなっているように私には思える。

　少しでも変わった言動をすると、ヘイト・スピーチの対象とされたり、ソーシャルメディア上の風評や、インターネット上の炎上の被害者とされてしまう今日、社会が閉塞状況に陥っているだけではなく、教育、研究、文化はもとより社会生活の全般において、日本の国際的ランクが低下する一方である。

　ひとこと　モラエスの魅力は、何といっても虐げられた女性たちに対する優しさと、別れた人たちへの哀惜の念の深さにある。

　孤愁に浸りながら、何事にも煩わされない自由な生活者として、母国との関係さえ断ち、徳島の一市民として、59歳から75歳までの晩年を暮らしたモラエス。

　それは、林住期にはそれまでに得たすべてのものを捨てて、社会的義務からも解放され、人里離れた所で暮らすとされるヒンドゥー教徒にも似ており、宗教的な香りさえ漂う人生でもあった。

第2話 ラフカディオ・ハーン（小泉　八雲）

怪奇譚に語り継がれる日本人の優しさを世界に伝えた人

ラフカディオ・ハーンの死にあたり、モラエスは、「日本通信」（1904年10月26日）の中で、次のように書いた（岡村多希子『モラエスの旅』（彩流社、2000年））。

「小泉八雲は第二の祖国を愛した、またその著書によって、多くの人が遠くからその国を愛するようにさせることができた。すぐれた知性と芸術家らしい感じやすく繊細きわまる気質の彼は美しい文体で日本について数多くの本を書いた。それらの本は日本の印象記としてこれまでに出版されているすべてのもののうちでもっともみごとな文学上の宝石とされている」。

パトリック・ラフカディオ・ハーン（以下、ハーンと表記する）は、1850年6月27日にギリシャのイオニア諸島の一つレフカダ島で、父チャールズ・ブッシュ・ハーンと母ローザ・アントニア・カシマチの子として出生したが、父は英国籍のアイルランド人で、ギリシャ駐在の英国陸軍歩兵連隊の軍医補であり、母はギリシャ人で、イオニア諸島の一つキシラ島の出身であった。

ハーンの父は、1848年当時英国領であった同島に赴任した際にローザと恋に落ち、1849年6月、レフカダ島の英国軍基地に転属となった時にローザを伴って赴任し、同年11月25日に婚姻したが、1950年2月本国へ召還され、同年10月には西インド諸島のドミニカに着任、その後グレナダへ転属、ハーンは母とともにレフカダ島で暮らした。

ハーンは、1852年8月1日、母とともに父の実家のあるアイルランドのダブリンに到着し、父方の祖母のエリザベス・ホームズ・ハーンらと同居するが、英国国教徒である由緒ある家柄のハーン家の人達と、風俗習慣も異なり、ギリシャ正教を信ずるローザとの間に隙間風が吹くようになる。その結果、ハーンは、祖母の妹でカトリック教徒で金持ちの未亡人サラ・ブレナンと暮

らすようになる。

　1853年10月8日、ハーンはダブリンに帰還した父親と初めて対面するが、翌年4月21日にはクリミア戦争従軍のために出征し、1856年に帰還するものの、父親は、初恋の相手であったアリシア・ゴスリン・クロフォードと再会、1857年1月1日、英国で離婚法が成立した機会に、ローザとの結婚無効の申立てをして離婚し、7月にアリシアと再婚、以後、ハーンは父親と二度と会うことがなかった。

　母ローザも、ハーンと会うことを許されないまま、後にキシラ島で船会社を営むジョン・カバリーニと再婚している。

　ハーンは、1858年学齢に達し、初等教育を受けた後、1861年フランスのノルマンディ地方ルーアン近郊イヴトーの教会学校に入学し、フランス語を身につけたが、イヴトーの教会学校には幼い日のモーパッサンも在学していて、彼は、後に「偏狭な、瞑想的不自然な信仰を無理強いされ、そこに居住し、不潔の極みであった」と述懐している。

　ハーンは、引き続き、1863年9月13歳時に英国ダーラム市郊外のアショーにあるカトリック系の学校全寮制のセント・カスバート・カレッジに入学するが、彼は、後に「私は、キリスト教というものと、私の生活経験してきたその偽善、残酷、劣悪とを切り離して考えることは出来ないのです」と語っている。

　1866年校庭で縄による回転ブランコ遊戯の際に相手の放したロープの結び目が左眼に当たり、失明する（ある生徒から拳骨で殴られたとする説もある）。その年の11月21日父親死去。

　1867年頃ハーン家の遠縁にあたるヘンリー・モリーヌが投機に失敗し、出資していたサラ・ブレナンが破産。ハーンはかつての使用人キャサリン・アラニーを頼ってロンドンに行き、テームズ河畔のブラックフライヤーズ橋近くで孤独な生活を送る。

　1869年リバプールから移民船に乗り、大西洋を横断し、ニューヨークに上

陸、モリーヌの妹が嫁いでいたオハイオ州シンシナティへ行き、自分に送金されるはずの生活費をモリーヌから受け取ろうとするが、厄介者扱いされ、日雇い仕事で飢えを凌ぐ。ホテルのくず集め、賭博場の番人、製革所の夜警、図書館の番人などと乞食の一歩手前で職を30以上も転々としたが、そのように苦労はしても生き延びられたのは、オハイオ州等にはアイルランドからの移民が多く、それらの人が同胞として援助してくれたからだといわれている。

　そして、ハーンは、印刷屋ヘンリー・ワトキンと出会い、ささやかな安住場所を得て、2年間暮らすことになるが、その間毎日のように図書館に通って読書するとともに、物語を書いて楽しむほか、牧師トマス・ヴィカーズの私設秘書としてフランス語の翻訳にあたる一方、週刊誌「インベスティゲイター」に投稿を始める。

　1871年1月サラ・ブレナンが死亡、モリヌーから遺産500ポンドがハーンに送金されるはずであったが、遂に届かず、以来、ハーンはアイルランドの親戚との縁を断つ。

　1872年11月22歳のハーンは日刊新聞「シンシナティ・インクワイアラー」の有力な寄稿者となり、主筆のジョン・A・コカリルに文才を認められて、1874年インクワイアラー社の正社員となり、同年11月7日、ある皮革製造所でおきた凄惨な殺人事件「タン・ヤード」事件で恐るべき死体の状況を詳細に描いて、事件記者として名をあげる。

　1875年、24歳のハーンは、下宿先の料理を賄っていた21歳のアリシア・フォーリー（通称マティ）が、病気のハーンを親切に看護してくれたことがきっかけとなって交際を始め、16歳ころに白人に騙されて同棲し、子どもができると捨てられたという彼女の境遇への同情心もあって、やがて愛情が芽生え、同年6月14日マティと結婚式を挙げる。

　しかし、マティがケンタッキー州の白人牧場主と奴隷女性との間で生まれた混血女性であったことから、この結婚は、当時ハーンが暮らしていたオハイオ州にあった、黒人の血が4分の1でも混じっている者と白人との結婚を

禁止する「異種族混交禁止法」に抵触するものであり、25歳になったハーンは、インクワイアラー社を解雇され、シンシナティ・コマーシャル社に移ることになる。

1877年10月、27歳のハーンはマティとの結婚生活が破綻（マティはその後1880年に再婚する）、シンシナティ・コマーシャル社を退職し、翌11月ニューオーリンズでの生活が始まる。

1878年5月にハーンはデング熱に罹患し、餓死寸前に至るが、「リバブリカン」誌の編集者で市長でもあったウイリアム・ロビンソンと知り合い、その書斎を自由に使用させてもらえるようになり、同市長の紹介で、アイテム社の準編集者の職を得（週給10＄）、スペイン語を学び始める。

1878年伝道神父アドリアン・ルーケットが著したルイジアナのショクトー・インディアンの伝説集『ヌーベル・アタラ』の書評を書き、1879年クレオール（西インド諸島、中南米などで生まれた人々など）の民話や童謡の採集を始め、ヴードゥー（西アフリカのベナンやカリブ海の島国ハイチやアメリカ南部のニューオーリンズなどで信仰されている民間信仰）にも親しく触れるなど、大衆文化の深部に入り込んで記事にし、健筆をふるい、「デモクラット」誌にも寄稿したり、クレオール文学の作家ジョージ・ワシントン・ケイブルの知遇も得るようになる。

1881年12月31歳のニューオーリンズの新聞界再編によって設立されたタイムズ・デモクラット社の文芸部長に迎えられ、自由なテーマで執筆に専念できることになった（週給30＄）。

この頃から、ハーンは、当時のフランス文学作品を次々と英訳する他、文芸評論も数多く執筆するようになる。ハーンの母ローザは1882年12月に死去するが、ハーンがそのことを知ることは終生なかった。

1883年ニューヨークの「ハーバース・マンスリー」の仕事が始まったほか、1884年『飛花落葉集（異文学遺文）』、1885年『ゴンボ・ゼーブス　クレオール俚諺小辞典』、『クレオール料理』、1887年『中国怪談集』、1889年、メキシコ湾内のグランド島を舞台にした小説『チータ』を刊行し、この間、新聞記

者をやめて作家生活に入ることを決め、1987年5月タイムズ・デモクラット社を退社する。なお、ハーンは、1884年12月、ニューオーリンズで開催された万国産業綿花百年記念博覧会において、日本館の展示品に興味を惹かれ、日本政府代表服部一三と知り合う。

　1887年、ハーンはハーバー社と執筆契約を結んで旅費等を得、7月37歳で西インド諸島のマルティニーク島に渡り、2カ月後にいったん帰米した後、再び渡島、1889年5月初旬頃まで同島で暮らし、1890年、若い女奴隷を主人公とした『ユーマ』と、熱帯の風物を活写した『仏領西インド諸島の2年間』を刊行する。

　1890年3月バンクーバーの港から日本に向かい、4月4日横浜港着。帝国大学文科大学博言学教授B・H・チェンバレンに就職斡旋を依頼し、同年7月19日籠手田安定島根県知事と同県尋常中学校と師範学校の英語教師となる契約を締結（月給100円）し、翌8月30日松江着、9月3日から授業を開始する。尋常中学校の教頭西田千太郎は松江における一番の理解者として親交を結び、創作上の助力を得る。同月13日から3日間出雲大社に参詣、外国人として初めて昇殿を許されて感激する。

　1891年1月中旬気管支カタルに倒れ、看病と身の回りの世話のために、西田千太郎の世話で小泉セツが雇われ、同年6月22日松江市北堀江町315番地の根岸方（現・八雲旧居として保存）にセツとともに転居する。

　小泉セツは、実父小泉「湊」と実母「チエ」との間の次女として出生し、生後7日目で養父稲垣金十郎と養母トミと養子縁組をし、成長して前田為二と婚姻し、夫は、稲垣金十郎夫婦とも養子縁組をした。しかし、彼は、養父が詐欺にかかって貧窮していたことに嫌気して、間もなく行方をくらましため、結局、前田為二との結婚と養子縁組とはともに解消され、小泉セツは実家に帰っていたものの、実家も零落して火の車であったという。

　同棲を始めた当初は妾として認識されていたようであるが、二人の間は細やかな愛情で結ばれるようになり、ハーンは、同年夏頃には友人あて書簡の

中に、「私は目下のところ日本風に結婚したばかりです」と記している。

　ハーンには、淋しい結婚に終わったローザの思い出をセツに重ねたという事情もあったと推測するが、彼は、その後生涯にわたって、セツの実父母、養父母およびセツの弟の面倒を見続けており、天涯孤独であったハーンは、かえって、それを満足に思い、家庭の味を楽しんだと考えられている。

　1891年10月、熊本の第5高等中学校の職（月給200円）が空いたとの知らせを受けて、転任を決意、11月15日セツおよびその養父母とともに松江を出発、同月19日加納治五郎校長（1893年2月転任）に迎えられて熊本着、同月24日から授業開始。

　1893年10月松江を襲った洪水の義捐金として50円を贈り、翌11月長男一雄誕生。

　1894年9月『知られざる日本の面影』を出版し、同年10月神戸クロニクル社就職のため熊本を離れるが、翌年1月神戸の雰囲気に馴染めず、居留外国人との交際を避けるようになり、神戸クロニクル社を退社。

　1896年9月帝国大学文科大学（翌年東京帝国大学と改称）講師に招聘され（月給400円、後1901年に450円に昇給）、セツと二人で上京、同月11日初講義。一雄とセツの養父母は追いかけて上京。

　1897年2月次男巌出生、同年7月上田敏や土井林吉（晩翠）の卒業式に出席。1899年12月三男清誕生。

　1903年文科大学学長名で解雇通知を受け、学生たちの留任運動に発展するが、3月19日の講義を最後に自ら講師を辞し、生前最後の出版物『日本──一つの解明』の執筆に力を注ぎ、9月長女寿々子誕生。

　1904年、早稲田大学の文科の学生の間に八雲招聘の運動が起こり、折から、「東京専門学校」の名を改称し、講師陣を充実させて大学を発展させようとしていた同大学がハーンを招聘するに至る（年俸2000円）。

　同年3月9日初出講、やがて坪内逍遥との親交が始まり、深まっていくが、同年9月26日ハーンは突然心臓発作により死亡する。

　以上、主として、小泉時＝小泉凡『文学アルバム小泉八雲』（恒文社、2000

年)、西野影四郎『炎と光の人小泉八雲』(講談社、1979年)による。

　来日以降のハーンの主要な著作には、近代日本の風潮や、日本人の内面生活や情緒的特徴、生活の底流を流れる仏教や神道等の宗教的なものを著したものとして、1895年『東の国から』、1896年『心』、1897年『仏の畑の落穂』、1898年『異国風物と回想』、1899年『霊の日本』、1904年『日本　一つの解明』などがあり、日本を紹介する出版物として広く世界中で読まれた。

　そして、それらの著作にも掲載されている日本の怪奇譚をリライトした再話集が次々と刊行されるようになり、1900年『影』、1901年『日本雑録』、1902年『骨董』、1904年『怪談』等がそれである(上田和夫訳『小泉八雲集』(新潮文庫、1975年)、田代三千稔『怪談・奇談』(角川文庫、1956年)参照)。

　ハーンは、6歳の頃のことについて、「自分は魑魅魍魎の存在を信じていて、眠る前は、お化けや鬼が自分の顔を覗き込むことを防ぐために、頭を枕の下に隠し、お化けや鬼がベットの寝具を引張に来た時、私は大声で叫んだが、何故、私がこうした目にあったことを他人に話すことを禁じられていたのか理解できなかった」旨語っているが、それは厳格なカトリック教徒であり、将来、ハーンに聖職者としてブレナン家を継がせようとしていたサラ・ブレナンの躾のためであったと思われる。

　しかし、その原体験を持つハーンが、その後の自分の貧しい生活の中で、グランド島や、マルティニーク島、そして日本における魅惑に満ちた文化の多様性、とりわけ一神教の持つ偽善性とは逆の多神教の持つ大らかさや優しさに触れるうちに、そうした文化の底流を支える怪奇譚への興味が高まり、また、その素材を再話に構成していく技術も巧みになっていったように思われる。

　日本の怪奇譚の収集と、再話のための構成にあたっては、セツの協力が多大な貢献をしており、ハーンも日頃感謝の言葉を欠かさなかったといわれている。

　かつて、ハーンの『怪談』を子どもの頃から読ませる傾向がみられ(たと

えば『少年少女日本文学全集第7巻』(講談社、1977年))、私も幼い頃、徒に恐怖心を抱いた記憶があるが、ハーンは、『知られざる日本の面影』(池田雅之訳『日本の面影』(角川ソフィア文庫、2000年))の冒頭の序文の中で次のように記している。

「もっとも大衆になじんだ迷信とは、希望や恐怖や善悪の体験、いうなら霊界の謎を解こうとする素朴な努力の、紙に書かれていない文学の断片として、珍重すべき価値があるのである。日本人の屈託のない親しみやすい迷信が、どれだけ日本人の生活に妙味を添えているのかは、その中にどっぷりつかって生活してみれば、実によく理解できることであろう。迷信にも狐の悪霊などのように、数は少ないが不吉なものもある。むしろその多くは、その発想の美しさで、今日の著名な詩人がいまだに想像力の源泉としている。ギリシャ神話に匹敵するほどである」。

「迷信の中には、不幸な人への親切や、動物愛などをすすめるものも多くあり、それらは、喜ばしい道徳観を生み出している。家で飼われる動物は、人なつこいし、野生動物は、人前でもあまり動じない。汽船が入港するたびに食べ物の屑を恵んでもらえると期待し、白い雲のように集まってくる鴎の群れ。(中略)人影が水に映ると、聖なる蓮池から頭を突き出す魚。これらを始めとする数多くの美しい光景は、すべて迷信といわれる想念から生まれ出るものであり、その想念が『万物は一なり』という崇高な真理を、きわめて単純な形で繰り返し説いてきた賜物なのである」。

確かに、それぞれの物語の背景となる情景やそこで起こる事件は、先祖が連綿として受け継いできた情感や正義感等を、次の世代にバトンタッチするための舞台装置なのであり、私達は、気づかない間に自然にそうしたものを受け継いできたのである。

たとえば、『日本の面影』の中の作品「神々の国の首都」にも、母親の亡霊がわが子のために乳代わりの水飴を夜毎に買いに出てくるという、余りにも有名な話があるが、この再話を通じて、ハーンの弱い者に対する暖かい目線に接する(白神栄子『ラフカディオ・ハーン研究』(旺史社、1993年))に留まら

ず、この話を聞きながら、幼子は気づかない間に、弱い者に対する暖かい目線を自然に獲得していくのである。

　こうして、私達は幼い頃から祖父母や親から怪談話を伝えられながら育ち、怪奇に対する畏怖心を忘れずに思春期を過ごすことで、前世代の文化や、善悪、道徳などの観念を身に付けてきた。

　前記の『知られざる日本の面影』の序文は、次のように続く。

　「まことに残念なことに、近代日本の批評精神は、日本の素朴で幸せな進行を破壊し、それに代えて、西洋の知性ではもうとっくに廃れてしまった、あの残酷な迷信——宥さぬ神と、永遠の地獄とを心に抱かせようとする迷信——を広めようとする諸外国の執拗な試みに、対抗するどころか、間接的に加担している。今から百六十年以上も前に、ケンペルは、日本人のことをこう書き記している。『美徳の実践、汚れなき生活、信仰の儀礼において、日本人はキリスト教徒をはるかに凌いでいる。』と。開港都市のように、本来の道徳律が外国人によってはなはだ犯されている地を除けば、この言葉は、今でも日本人に当てはまるといえる。日本がキリスト教に改宗するなら、道徳やそのほかの面で得るものは何もないが、失うものは多いといわなければならない」。

　ハーンは、幼い時に母親と切り離される原因ともなったことや学生時代の苦い経験を通じて、キリスト教に対して不信感を抱いており、幼くして死んだ子どもを守るお地蔵様、賽の河原の物語にみられるとおり、日本では宗教が人を威圧せず、包み込むかのように存在していることを高く評価していた（赤坂憲雄『日本を見つめる西洋の眼差し　小泉八雲』（筑摩書房、2015年））。

　現代社会に目を転じても、中東のイスラム教の中でのシーア派とスンニ派との抗争、ユダヤ教徒によるパレスチナ人の弾圧、インドでのヒンドゥー至上主義、共産（それは厳密には宗教とはいえないが多分に類似する要素があると私には思える）中国やロシアでのイスラム教徒弾圧、米国でのトランプ大統領の岩盤支持層である白人キリスト教福音派の白人至上主義活動、ミャンマー

やパキスタンでのイスラム教徒の国籍剥奪等々の深刻な事件の数々が物語るように、宗教が人々の生活を踏み躙るときには、どこまでも残酷になり得ることに驚嘆せざるを得ない

　宗教家であれ、無宗教家であれ、根底に弱い者に対する優しさがなければ、その人は人としての一片の価値をも持ち得ないのに。

　なお、この第2話の表題に、ハーンのファーストネームである「パトリック」を付していないのは、アイルランドの守護聖人にちなむこのネームを、キリスト教の教義に懐疑的であったハーンが、敢えて使用しなかったからである。

　最後に、ハーンの書き残した日本の情景等は、民俗学的にも豊かな記録を、現代に伝えるものであることに付言し(平川祐弘『小泉八雲　西洋脱出の夢』(新潮社、1981年))、その一例として、『日本の面影』の中の「盆おどり」の一部を紹介する。

　「山また山と連なるその遠くまで、われわれが青田の上の岨道を進んでいると、道に張り出た崖の窪みに小さな祠があった。私はそれを確かめてみたくなり、俥を止めた。

　その祠は、その両側と勾配のついた屋根が、削りだしたままの岩でできている。その祠の中で、粗削りに作られた馬頭観音が微笑んでいる。その前には、野の花が一束ほど供えられ、素焼きの線香立ての周りには、米粒が散らばっている。馬頭観音という変わった名前から想像されるものと違い、この観音の頭は、馬の形をしているわけではない。観音様が被っている宝冠に、馬の面が彫られているのである。その謂れなどについては、祠の傍らに立てられた、大きな木の卒塔婆に十分な説明がついていた。

　その説明書きを見ると、『馬頭観世音大菩薩　牛馬菩提繁栄』と書いてある。馬頭観音とは、百姓の馬を守り、人間のために働く物言わぬ家畜が病気に罹らないよう、さらに家畜が死んでも成仏できるよう、祈願するものであった。卒塔婆の近くには、一メートル二十センチメートル四方の木枠が立ち、

その端から端まで、小さな松の木の札が、凹凸なく一面にびっしり掛かっている。その数は、一万に達する。しかし、その総額が、十円を越えていないところを見ると、ひとり当たりの寄付金は、一厘程度なのであろう。百姓というのはお話にならないほど貧しいのである。

　この寂しい山中に、その小さな祠を発見できたことは、なんだかほっとする喜びであった。自分たちの馬や牛の霊魂のために祈るほどやさしい心の持ち主が、善意以外のいかなるものを持っているといえるであろうか」。

ひとこと　欧米の一神教の社会が持つ、偽善、残酷、劣悪を嫌ったハーンは、日本の文化、優しい心、道徳の観念を高く評価した。

　そして、ハーンは、日本人が怪奇譚を通じて、世代を超えて優しい心を伝えてきたことを世界に伝え、自らもセツと結婚し、セツを心から愛しながら日本で生を終えた。

　しかし、今日の日本では核家族化、夫婦共働きが常態化し、また経済の東京一極集中の半面、地方の過疎化が進む中で、怪奇譚を伝える社会的仕組みが失われている。

　ハーンが愛した日本人の優しい心を、今日の私達は失っていないであろうか。

第3話　會津　八一

独我個人の主義を掲げ若者に強い影響を与えた情の教師

　早稲田大学で小泉八雲の授業を聴講し、その逝去後、三人の男の子たちの教育から家事のことまで、いつも夫人の相談を受け、また、自ら早稲田中学校の教師として、小泉八雲の三男小泉清と接し、彼が画家として世に出るための個展を開催するに際して、推薦状を書いたのが、會津八一である。

　彼もまた、個人主義者として思うままに生き抜いた。

　「拙者は、性格として、一個人の生活を強行すべきものにして、社交人、社会人、団体人としては不向きな人たるを層一層明瞭に意識し候間、今後は糊口上の必要のほか、つとめて世事に関せざるように致すつもりにて候。独我個人の主義を有する者の航路の滑らかならざるべきは、最初より明晰なることなりしが、今の時に及びて、ますます確立性を増し来たり、かえって、一種の爽快味を覚ゆるばかりにて候」（植田重雄編『秋艸道人會津八一書簡集』（恒文社、1991年））。

　これは、受験校を標榜する早稲田中学校の運営方針が、會津八一の教育観と矛盾抵触するに至ったために、その教頭職を任半ばで辞任した際に、自らの心境を旧友にして親友に対して率直に語った1922年7月20日付の私信の一部である（豊原治郎『孤高の学匠會津八一』（晃洋書房、1999年））。

　會津八一の教育観を最も良く表しているのは、1914年に作成された「學規四則」である。

　　一　ふかく　この生を　愛すべし
　　一　かへりみて　己を　知るべし
　　一　學藝を以て　性を　養ふべし
　　一　日々　真面目あるべし

　第一則は人間愛と人生愛を、第二則は自制心と自覚心を、第三則は個性伸

長を目指す修養心と求道心を、第四則は創造心と向上心とを強調力説しているとされる。

　そして、これは、會津八一自らの人生の指針でもあったと考えられ、好んで書いた語の中にも「独往」という言葉があり（来嶋靖生『評伝　會津八一』新潮日本文学アルバム（新潮社、1995年））、「こうして、『独我個人の主義を高く掲げる人生』そのものが極めて意欲的にそして積極的に透徹して展開され（中略）、世事、俗事に、『生活上必要とする以外は』一切関与しなかった（中略）からこそ、會津は、世間からの一切の誘進を峻拒し、学匠として大成し得た」とされる（豊原治郎『教育者　會津八一論』（晃洋書房、1997年））。

　こうしたエピソードや「學規四則」に現れた會津八一の人格主義的な側面をテーマに書かれたのが、堀巌『會津八一　個人主義の軌跡』（沖積舎、1996年）である。

　會津八一は、1881年8月1日新潟市古町五番町で料亭湾月楼を営む父「政次郎」、母「イク」の7人兄妹の内の次男として出生し、1900年18歳時に新潟県尋常中学校を卒業して上京、兄友一と同居するが、間もなく脚気を病んで帰郷、生家會津家は、1908年に新潟市大火で罹災し、その後、家運が傾いてくる。

　18歳時に新潟県下を訪れた坪内逍遥の講演に感動したこともあって、1902年20歳時に再び上京して、逍遥が開いた東京専門学校に入学、翌1903年に早稲田大学文学科に入学、小泉八雲に英文学史を学ぶ。

　1906年24歳時に同大学卒業、新潟県中頸城郡板倉村（現・板倉町）の有恒学舎（現・有恒高等学校）に英語教師として赴任したが、1910年29歳時に有恒学舎を辞し、坪内逍遥の推薦により早稲田中学校の英語教師となる。

　會津八一は「中岳先生」の号を雅印に彫り、中学校の教師として一生を全うしても良いと考え、生徒達に対して、「人は八面八角にてもよし、一方一面一意一徹にてもよし、但し、どちらにしても落ちつきて、意志強く自重自敬自尊自恃なるべし。一方一面に貫徹すれば四方八面に目をひらけ来るもの

なれば、すべて外界からの刺激誘引に目を閉ざして自分の志を重しとし、其志の赴く方へ全力を用ゐらるれば、急がずとも自分としていくべきところ行き得るところまで行けるなり」とも説いているが、生徒達一人ひとりの個性を尊重し、生徒達からも慕われた優れた教育者でもあった。

1913年32歳時に早稲田大学英文科教師を兼任、翌年小石川区（現・文京区）高田豊川町に転居、自宅を「秋艸堂」と称し、同年33歳時に「學規四則」を定める。

1918年36歳で早稲田中学校教頭となるが、前述の通り、1922年40歳で辞する。

會津八一は、1899年の18歳時頃から万葉集、良寛らの歌を愛読、「ほととぎす」に俳句を、東北日報に「俳論」を投稿、1901年には「東北日報」、「新潟新聞」の俳句選者に、1909年には、「高田新聞」の俳句選者にもなっている他、句会を起こしたり、新渡戸稲造や柳田国男らの教示研究会に参加する等の文化活動を積極的に行っていたが、早くから独学で書の鍛錬を重ねていたところ、それが次第に人に知られるところとなっていった（書については、安藤更生『書豪　會津八一』（二玄社、1965年）参照）。

また、會津八一は、1908年27歳で奈良地方を旅したのを嚆矢として、度々奈良を訪れ、古代ギリシャの文化の研究も行うようになり、1923年41歳時に日本希臘（ギリシャ）学会を奈良美術研究会に発展的に改組して会長に就任、翌年43歳時に、『室生寺大観』を飛鳥園から、『南京新唱』を春陽堂からそれぞれ刊行し、それらが、會津八一を世間の方に押し出すことになった。

1925年43歳時に早稲田中学校を辞して、早稲田大学付属高等科学院教授になり、翌年44歳時に早稲田大学文学部講師（1931年教授に昇任、後、1945年辞任し、1948年名誉教授となる）となり、東洋美術史の講座を担当（1938年に芸術学専攻科主任教授となる）、1930年48歳時に早稲田大学東洋美術史学会を創立、1934年53歳時に早稲田大学恩賜祈念館に東洋美術史研究室を設置、収集してきた美術・考古資料を陳列する。

1944年62歳時に、きい子を養女にするが、翌年死別、1949年蘭子を養女に

する。

1956年75歳で逝去(以上、『新潮日本文学アルバム　会津八一』(新潮社、1995年)より)。

書豪としての會津八一、奈良の美術史学者としても広く知られるが、寡作ではあったが彼が残した和歌には、彼独特の風韻が感じられる。

感受性豊かな者は、その才能への自負心が芸術的表現に駆り立て、そのための耽溺や自己過信に陥ることが多く、會津八一の激しい性格は、一見彼をその弊に陥せやすいように思わせるが、実際には、芸術に対する彼の謙虚な姿勢(會津八一『渾齋随筆』(中公文庫、1978年))がそれを回避させているばかりか、真に芸術を愛する広範な人々から支持される理由となっている(財団法人會津八一記念館『會津八一人生の書』(2010年))。

そして、失恋後に信州で生まれた「山中高歌」の悲愴、早稲田中学教頭時代の苦悩の中で生まれた「南京新唱」の耽美憧憬、故郷を想う「郷愁」や旅の中で生まれた「放浪唫草」の寂寥などを潜り抜けて、最後にひらけてきた歌境が「村荘雑事十七首」であるという(植田重雄『秋艸道人　會津八一の生涯』(恒文社、1988年))。

この歌境の多彩さも、多くの人々の心を打つ一因となっている。

1940年に、會津八一は、それまでに発表した歌集に収録した歌の他、その後得た歌も含めて『鹿鳴集』を刊行したが、その後さらに、奈良に不案内な人、會津八一が多用した万葉集の語法と単語に不案内な人、総ひらがなの記載の理解に迷う人らのために自らの註を加えて、1953年に『自註鹿鳴集』を新潮社から刊行した。

ここでは、會津八一の死後残されていたさらなる訂正ノート等を基に、宮川寅雄が編集を加えて、1965年に中央公論美術出版から発行された『自註鹿鳴集』から、いくつかの歌を引用する。

【南京新唱】 明治41年 8 月から大正13年に至る

　　　かすがの　に　おしてる　つき　の　ほがらかに
　　　　　あき　の　ゆうべ　と　なり　に　ける　かも
　　　かすがの　の　みくさ　をり　しき　ふす　しか　の
　　　　　つの　さえ　さやに　てる　つくよ　かも
　　　くわんおん　の　しろき　ひたひ　に　やうらく　の
　　　　　かげ　うごかして　かぜ　わたる　みゆ
　　　ほほゑみて　うつつごころ　に　あり　たたす
　　　　　くだらぼとけ　に　しく　ものぞ　なき
　　　たびびと　に　ひらく　みだう　の　しとみ　より
　　　　　めきら　が　たち　に　あさひ　さしたり
　　　おほらかに　もろて　の　ゆび　を　ひらかせて
　　　　　おほき　ほとけ　は　あまたらしたり
　　　ふぢはら　の　おほき　きさき　を　うつしみ　に
　　　　　あひみる　ごとく　あかき　くちびる
　　　おほてら　の　まろき　はしら　の　つきかげ　を
　　　　　つち　に　ふみ　つつ　もの　を　こそ　おもへ
　　　するゑん　の　あま　つ　をとめ　が　ころもで　の
　　　　　ひま　にも　すめる　あき　の　そら　かな
　　　あめつち　に　われ　ひとり　ゐて　たつ　ごとき
　　　　　この　さびしさ　を　きみ　は　ほほゑむ
　　　さきだちて　そう　が　ささぐる　ともしび　に
　　　　　くしき　ほとけ　の　まゆ　あらは　なり
　　　なまめきて　ひざ　に　たてたる　しろたへ　の
　　　　　ほとけ　の　ひぢ　は　うつつ　とも　なし
　　　をじか　なく　ふるき　みやこ　の　さむき　よ　を
　　　　　いへ　は　おもわず　いにしへ　おもふ　に

最後から 2 番目と 3 番目の歌は、私の住む河内長野の観心寺の如意輪観

音を歌ったものであり、2020年地元の河内長野東ロータリークラブによって、最後から 2 番目の歌の碑が建立され、同年 9 月23日除幕式が行われた。

【山中高歌】大正 9 年 5 月
　　みすずかる　しなの　の　はて　の　むらやま　の
　　　　みね　ふき　わたる　みなつき　の　かぜ
　　くも　ひとつ　みね　に　たぐひて　ゆ　の　むら　の
　　　　はるる　ひま　なき　わが　こころ　かな

【放浪喎草】大正10年10月より同11年 2 月に至る
　　ひびわれし　いし　の　ほとけ　の　ころもで　を
　　　　つづりて　あかき　ひとすぢ　の　つた
　　ひと　みな　の　よし　とふ　もみぢ　ちり　はてて
　　　　しぐるる　やま　を　ひとり　みる　かな
　　この　かね　の　なり　の　ひびき　を　あさゆふ　に
　　　　ききて　なげきし　いにしへ　の　ひと

【村荘雑事】大正11年 9 月より同13年に至る
　　はな　すぎて　のび　つくしたる　するせん　の
　　　　ほそは　みだれて　あめ　そそぐ　みゆ
　　いりひ　さす　はたけ　の　くろ　に　まめ　うう　と
　　　　つち　おしならす　て　の　ひら　の　おと
　　しげり　たつ　かし　の　このま　の　あをぞら　を
　　　　ながるる　くも　の　やむ　とき　も　なし
　　むさしの　の　くさ　に　とばしる　むらさめ　の
　　　　いや　しくしくに　くるる　あき　かな

【震　餘】大正12年 9 月
　　うちひさす　みやこおほぢ　も　わたつみ　の
　　　　なみ　の　うねり　と　なゐ(地震)　ふり　やまず
　　あき　の　ひ　は　つぎて　てらせど　ここばく　の

　　　　ひと　の　あぶら　は　つち　に　かわかず

【望　郷】いつの日よりか大正14年に至る

　　　みゆき　ふる　こし　の　あらの　の　あらしば　の

　　　　しばしば　きみ　を　おもは　ざらめ　や

【南京餘唱】大正14年

　　　やまでら　の　さむき　くりや　の　ともしび　に

　　　　ゆげたち　しらむ　いも　の　かゆ　かな

　　　かすがの　の　よ　を　さむみ　か　も　さをしか　の

　　　　まち　の　ちまた　を　なき　わたり　ゆく

　　　ゆめどの　は　しづか　なる　かな　ものもひ　に

　　　　こもりて　いま　も　まします　が　ごと

【斑　鳩】大正14年8月

　　　わが　こふる　おほき　みてら　の　な　に　おへる

　　　　とり　の　いかるが　これ　に　し　ありけり

【旅　愁】明治40年8月より大正15年1月に至る

　　　さよ　ふけて　かど　ゆく　ひと　の　からかさ　は

　　　　ゆき　ふる　おとの　さびしく　も　ある　か

　　　みすずかる　しなの　の　はて　の　くらき　よ　を

　　　　ほとけ　います　と　もゆる　ともしび

　　　みづがめ　の　ふた　の　ひびき　も　うつろ　なる

　　　　てら　の　くりや　の　くれ　かぬる　ころ

【小　国】大正13年頃より昭和9年頃に至る

　　　くれ　かねて　いざよふ　はる　の　むさしの　の

　　　　いづれ　の　そら　に　きみ　を　もとめむ

【南京續唱】昭和3年10月

　　　せきばく　と　ひ　は　せうだい　の　こんだう　の

　　　　のき　の　くま　より　くれ　わたり　ゆく

　　　ふるてら　の　みだう　の　やみ　に　こもり　ゐて

　　　　もだせる　こころ　ひと　な　とひ　そね

【比叡山】昭和13年10月

　　のぼり　きて　しずかに　むかふ　たびびと　に

　　まなこ　ひらかぬ　てんだい　の　そし

【觀佛三昧】昭和14年10月

　　びしゃもん　の　おもき　かかと　に　まろび　ふす

　　　おに　の　もだえ　も　ちとせ　へ　に　けむ

　　みだう　なる　九ぼん　の　ひざ　に　ひとつ　づつ

　　　かき　たてまつれ　はは　の　みために

【九官鳥】昭和15年1月

　　このごろ　は　いひ　さして　なにごと　か

　　きうくわんてう　の　たかわらひ　す　も

【春　雪】昭和15年2月

　　われ　わかく　ひと　に　まなびし　もろもろ　の

　　　かぞへ　も　つきず　その　まくらべ　に

【印　象】大正12年9月

　　たかむら　に　かね　うつ　てら　に　かへり　ゆく

　　　きみ　が　かさ　みゆ　ゆふかげ　の　みち

　しかし、何よりも、會津八一は教育者として卓越していたと私は考えている。その教育思想は「學規四則」に象徴されるが、何よりも「情の教師であった」ことに私は魅かれている。

　八一は、慕ってくる子弟には慈父の心、厳父の態度で接していたのであり、まず、秋艸堂に最初に寄宿した田中丸治郎への慈父としての手紙を紹介する。

　「人生は甘くして滑らかなるよりも苦がく澁い方が本物なり。たとへば、深山幽谷を越えるが如く、其所に価値もあり意義もあり楽しみも自ずから其内にあるなり。

　何事も自分を偉くするための試練と心得て我慢に我慢を重ね、辛棒に辛棒

をつくして、ぢりぢりと次第に御進展なさるべく候。餘り憤慨すべからず、少なくとも之を外に表はすべからず、力強く而かも気長にやるべし」。

次に紹介するのはハーンの三男小泉清への厳父としての手紙である。

「弟が兄に対して自由ならば、兄に対する依頼心を一掃すべし。兄の保護又は扶助を受ける位ならば、従順融和の義務も生ずべし。兄よりも他人に親しむことも貴下の自由であるべきも、其自由を重く有せんとならば、最初から兄を当てにせざるに若かず。いよいよといふ時にたよりにもならぬ友人達に兄の反感をそゝりながら、兄の世話になることを当然の権利の如く思ひ居らるゝならば、貴下としては大なる矛盾にあらずや。(中略)従来拙者の関与せんとしたることは、貴下が、男らしく矛盾なく、兄などをあてにせず、勤勉にして熱心なる藝術家であらんことにて候」(以上、豊原治郎『教育者　會津八一論』(晃洋書房、1997年))。

なお、八一には破門癖があり、往々にして八一の方が間違っている場合もあったが、破門を宣言してもカラッとしていて、陰湿ではないうえに、時が来れば許された。

八一は、小泉清が1947年10月にシバタギャラリーで第1回個展を開いた際には案内状を認めている(「小泉清君を推薦する」ワシオ・トシヒコ編著『回想と評伝抄 画家・小泉清の肖像』(恒文社、1995年))。

教え子はこうした慰めや激励を受けて、それぞれの人生を歩んでいったのであり、小泉清の場合には、晩年自殺する際に残した遺書にも八一への感謝の気持を表した一文を残している。

昭和18年秋に「教育非常措置方策」が実施され、学徒徴兵延期猶予の停止となり、健康な学生は学問を捨てて戦場に赴くことになった折には、八一は学生から望まれるままに、日の丸に「祈武運長久」などと書いたり、訣別に来た学生と過ごした時間を歌に残している。

　くりやべ　は　こよひ　も　ともし　ひとつ　なる
　　　りんご　を　さきて　きみ　と　わかれむ

　そして、何よりも、私が感銘を受けるのは、徴兵され出征を目前にした早稲田大学の学生達とともに、昭和18年11月11日から実施した早稲田大学芸術学科の出陣学徒の送別を兼ねた奈良研究旅行における八一の言動である。

　東大寺二月堂で日光、月光菩薩を前に、「今見るものはぬけがらだ。創られた当時の本態を復元する能力がなくとはいかん」と持論を再説し、戒壇院の広目天の前では、足や眼、口を示して、「こういうものは現実にはない。しかし、美として存在する。この像にある完全な調和、それが芸術なのだ」と芸術の本質を説く一方で、春日野で休憩した際には、戦場に赴く学生達との別離に万感の想いを込めて、次のように歌っている。

　　　いでたたむ　いくひ　の　ひま　を　こぞり　きて
　　　　　かすが　の　のべ　に　あそぶ　けふ　かな
　　　うつしみ　は　いづく　の　はて　に　くさ　むさむ
　　　　　かすが　の　のべ　を　おもひ　で　にして
　　　かすがの　の　こぬれ　の　もみぢ　もえ　いでよ
　　　　　また　かへらじと　ひと　の　ゆく　ひ　を

　戦場に赴こうとする学生達の心を思いやって、悲痛の想いにかられながら、学問や芸術を語り、そのための生への執着が、一人でも多くの学生を生き延びさせる力となることを願う教師の気持が、ひしひしと感じられるのである。

　13日には薬師寺、中宮寺、法輪寺、西大寺、喜光寺、秋篠寺などを巡拝し、14日午前は平城宮址、奈良博物館などを訪れ、その日午後と15日は体調不良により日吉館で臥せって静養したが、その折に、召集令状が来て郷里に帰らねばならない学生が訪ねてきたのに対し、「君は今でも歌をつくっているか、つくり給え（中略）芭蕉は50で死んだが、ほんとによい句は、40以後だ。（中略）長生きして実らせなければならない」と語り、その言葉にも、生きて帰ることを切に願う気持がにじみ出ている。

　16日も休養をとったが、17日には桜井の聖林寺、室生寺等を訪れ、この日も学生達への想いを歌にしている。

　　いでたたむ　わくご　が　とも　と　こえ　くれば
　　　　かはなみ　しろし　もみぢ　ちり　つつ
　　やまがは　は　しらなみ　たてり　あす　の　ごと
　　　　いで　たつ　こら　が　うた　の　とよみ　に
　　わくごら　は　あな　うつくし　と　みほとけ　の
　　　　みだう　の　やみ　に　こゑ　はなち　つつ

　室生寺の近くで酒を求め、壮行会を開き、八一も参加、学生達は「海ゆかば」を合唱したという。

　18日八一は朝から悪寒をもよおしたが、旅行を全うするため、當麻寺から、高野山に向かい、明王院で「赤不動」を拝観している。

　　ひと　の　よ　の　つみ　と　いふ　つみ　の　ことごとく
　　　　やき　ほろぼす　と　あかき　ひ　あはれ

　不動明王の大悲の火とは余りにも違う、禍々しい戦争の火の悲しさを八一が感じていたように、私には思える。

　こうしてこの年の奈良見学旅行は終わり、八一はその後5月間ほど病床に就いている。

　参加学生の中には戦場から再び帰らなかった者もいたという（この旅行については、植田重雄『秋艸道人　會津八一の生涯』(恒文社、1988年))。

　🌸**ひとこと**　教育者にとって最も大切なものは、高潔な人格と深い愛情ではなかろうか。

　それはプロフェッションすべてにもいえることであろう。八一が、太平洋戦争真最中、戦場に赴く学生達との別れを惜しみ、病体に鞭打って敢行した奈良旅行に関するエピソードに目頭が熱くなるのは私だけではなかろう。

　多くの人に暗唱して頂きたい八一が定めた學規四則の第一則「ふかくこの生を　愛すべし」は、私達に、1回切りの人生を、他に阿たり、忖度（そんたく）するのではなく、只管（ひたすら）、自ら欲するままに、生きることを勧めている。

第4話　小 林　一 茶

　會津八一は歌人としては極めて寡作であったが、これとは対照的に、小林一茶(1763〜1827年)が作った俳句は2万句ともそれ以上ともいわれている。

　俳句を志す人々から、江戸時代の俳人といえば芭蕉、蕪村、一茶という評価が明治中期には確立していたものの、実際に一茶が広く知られるようになったのは昭和に入ってからのことのようである。

　実は、1897(明治30)年に、一茶に近代的光を与えようとした地元の人たちによって宮沢義喜＝宮澤岩太郎編『俳人一茶』((三松堂松村書店、1897年)。なお、1996年に信濃毎日新聞社が復刻版を発行している)が刊行されたが、その際に、編者は中央で一茶を評価していた俳人正岡子規(1867年〜1902年)に序文を依頼した。

　子規は、「一茶の俳句を評す」と題して「天明以後俳諧壇上に立ちて、特色を現はしたる者を、奥の乙二、信の一茶とす。一茶最も奇警を以て著る」とし、その俳句の特色は、「主として滑稽、諷刺、慈愛の三点に在り」と紹介するとともに、「中にも滑稽は一茶の獨擅に属し、しかも其軽妙なること俳句數百年間、僅かに似たる者をだに見ず」と評価していた。

　しかし、彼は、写生を中心に置く俳句革新運動を唱え、「人間よりは花鳥風月がすき也」とまで言い切る立場に徹し、江戸時代以来の陳腐な俳句を否定する立場から、一茶の滑稽を一つの技巧として評価していたに過ぎない。

　流浪の間に、一茶が、極めてローアングルの目線から対象を眺め、それに重ねて自らの人生を観てとり、思わず応援したり、茶化してみたりする滑稽さの影で、一茶の瞳の中に映じている森羅万象が皆有情活動していることに魅力を感じたからこそ、一茶を世に押し出そうとした編者の意図と、子規の一茶観とは噛み合わなかった。

第4話

　そのために、編者と子規との間に編集をめぐる感情の縺^{もっ}れが生じ、折角の出版が必ずしも編者に幸運をもたらさなかったことは残念なことである。

　これに対し、一茶の六番日記の発見者でもある會津八一は、「一茶を観る世間の人の眼は久しく間違っていました」と述べ、14歳にして家を出、51歳で帰京するまでの痛ましい流浪の裏面に一種凄愴たる心理が伴っていることを看破し、それまで滑稽な句の作者としてしか知られていなかった一茶を再評価したことでも知られている（会津八一「俳人一茶の生涯」早稲田文学63号、『会津八一全集』6巻376頁〜389頁（中央公論社、1982年））。会津八一は、小林一茶の俳句は、人生のその時々における心の叫びが無技巧のままに句として吐き出されたもので、他に媚びたり、一定の型を踏襲する等して、世間の評判を得ようとするような作為のない点を高く評価した。

　この會津八一の一茶評は、前述の宮沢義喜、宮澤岩太郎ら地元の熱心なファンの評価に沿ったものでもあった。同時に、會津八一も、この書評を契機として、「一茶の天真流露の人間味ある俳句をとおして、俳句の郷土性に直面し、八一自身の芸術の問題ともなり、また、一茶への開眼から、八一の学問研究の着眼点、考証などの実力の一端が逍遥から注目されることになった」と指摘されている（植田重雄『秋艸道人　會津八一の生涯』（恒文社、1988年））。

　小林一茶は、宝暦13（1763）年5月5日、信越国境信濃国水内郡柏原村の中農の本百姓の長男として出生し、本名は小林弥太郎であるが、明和2（1765）年に母親が死亡し、専ら祖母により育てられ、明和7（1970）年に継母が入り、安永5（1776）年に祖母が死去した後、継母との仲が悪化し、その言を入れた父親から翌年、江戸に奉公に出されることになった。

　江戸では職を転々としながら、20歳時には俳諧を知り、芭蕉の親友山口素堂を祖とする葛飾派に属し、寛政元（1789）年26歳時に奥羽地方行脚、寛政4（1792）年28歳時に西国行脚に出掛け、当時の著名な俳人と親交を結びながら俳壇にも次第にその名を知られるようになる。

　やがて宗家とトラブルを起こして、浅草札差夏目成美グループに加わり、上総、下総、房州の俳人と親交を深め、彼らの家を巡回行脚する生活に入る。

　文化元(1804)年40歳の頃に、当時の業俳に倣って、「一茶園月並」を主宰し、あらかじめ公表された季語による応募作品に点数をつけ、高点作品を美濃紙に印刷して、投句者に配布するようになったが、月並みも2、3年でやめており、これは、芭蕉に習ったとも、結社の主宰に向かないことを悟ったからであるとも言われている。

　当時の業俳は、優秀な門人を抜擢して、選句させたり、指導させたりしながら、門人の集団を組織化して運営することを生業としたが、小林一茶は、門人に対する指導を自ら行うことにこだわり、組織の運営は苦手であった他、そもそも一茶は、門人の句に点数を付けてその成績を競わせるようなことを好まなかったのだと私は考えている。

　すなわち、一茶は、後年「たゞ四時(四季)を友として造花にしたがひ、言語の雅俗により心の誠をこそのぶべけれ」と作句の心構えを示すとともに、「我宗門にてはあながち弟子と云はず師といはず。如来の本願を我も信じ、人にも信じさせることなれば、御同胞、御同行とて平坐にありて讃談するを常とす。いはんや俳諧においてをや」、「いざいざとおのれ先大あぐらして炉をかこめば、人々もさこそ有りなんとておのがじし寛ぎて榾火をつゝき茶をすゝれば、心のかまえ更に苦しからず。吹く松風の音もあるがまゝ、灯のかげもしづかにて心ゆくばかりに興じけり」と述べており、普通の結社のような上下関係を好まなかった。

　そのため、地方行脚を続ける一茶は、常に貧しさと隣り合わせであった。

　享和元(1801)年、一茶38歳時に父親が死去した際、すべての財産を弟と折半するという遺言書を得ていたが、文化4(1807)年44歳時、信州移住を夢見るようになって、父親の7回忌に帰省して遺産分割を求めて果たせず、翌年45歳時に、祖母の33回忌法要に参加した後に漸く遺産分配に決着をみている。

　実母の実家の叔父とも従兄弟ともいわれている親族の入れ知恵で、遺産分配の決着がつくまでの7年間の小作料と家賃を請求したことから、さらに江

戸生活を続けることになったが、この争いも文化10(1813)年49歳時に決着が着き、その前年から、永年の江戸暮らしを清算して信州柏原に帰郷していた一茶は、文化11年(1814)年、母方の縁者常田きく(28歳)と婚姻し、三男一女をもうける。

　　　　菊女祝
　　涼風や何喰わせても二人前　　　（文政句帳・文政５年）

　ところが、子供たちはいずれも早世し、きくとも文政６(1823)年、60歳時に死別、その後中風を患い、文政10(1827)年64歳時に柏原の大火で一茶宅も類焼し、一茶はその年のうちに死去している（以上、矢羽勝幸『信濃の一茶』（中公新書、1994年））。

　一茶を、故郷で家業に尽くした弟から父親の遺産を半分もぎ取った剣呑な人物と批判する者もいるが、多くの作家が一茶を愛し、彼を題材とした作品を残している。

　田辺聖子の代表作である『ひねくれ一茶』（講談社、1992年)は、吉川英治文学賞を受賞したが、女性の門人との交歓や、帰郷してからの家庭生活を彩り豊かに脚色し、かつ、業俳時代の生活についても夏目成美らとの贅沢な宴会の場面を散りばめる等、実物の乞食に近い生活とは似て非なるものになっているが、おそらく、田辺聖子が、一茶の人生を豊かなものとして書くことによって、その悲哀や寂しさ、悔しさを慰めたかったのではないかと私は思う。

　この作品の文庫版（講談社文庫、1995年）の巻末には五木寛之の、「よくよく人恋しく、よくよく寂しい男だったのだな、と、あらためて一茶のことを思う。弟との確執も、見方によれば、対立によって義母や故郷とつながろうと願う意識下のラヴ・コールだったのかもしれない。（中略）『ひねくれ一茶』の成功は一茶という主人公を田辺さんが選んだことだ、と書いた記憶がある。それに続けて、いや、むしろ田辺さんは一茶に選ばれたのではあるまいか、とも書いた。どんな才能のある作家でも、不思議なお呼びがなくては、ごくありきたりの作品しか書けないものなのだ。そういう目に見えない出会いの

訪れがあったからこそ、これほど充実した傑作が実り落ちたのだと思う」との解説が掲載されている。

　また、藤沢周平も、『一茶』（文藝春秋、1978年）を著し、「彼は、またまぎれもない詩人だったのである」と書いているが、その文庫版（文春文庫、2009年）の巻末の藤田昌司の解説には、藤沢周平の、「私も田舎から出てきて、業界紙の記者をやりながら、一茶のような。"根なし草"の悲哀をたっぷり味わいましたからねえ」という言葉に表される一茶の境涯に対する共鳴が作品の底流を流れており、一茶は俗であることを隠さない俗物であり、俗から出てあやうく俗を突き抜けたところに、執筆の動機があったと、紹介されている。

　井上ひさしの『小林一茶』（中央公論社、1980年）は、業俳としての一茶の苦闘を戯曲化したものである。

　一茶の俳句については、丸山一彦校注『新訂　一茶俳句集』（岩波文庫、1990年）が約2000句を、荻原井泉水編『一茶俳句集　改訂版』（岩波文庫、1958年）が約1200句を、一茶記念館編集発行『一茶（改訂12版）』（1998年）が500句をそれぞれ紹介し、金子兜太『一茶句集』（岩波書店、1996年）が116句の名句を中心に編まれているが、それらの中で、私の興味を引いた句を以下に掲げる。

今迄は踏れて居たに花野かな　　　（秋顔子・寛政 2 年）

陽炎やむつまじげなるつかと塚　　（寛政 3 年紀行）

馬の屁に目覚めて見れば飛ほたる　（寛政句帳・寛政 4 年）

通し給へ蚊蠅の如き僧一人　　（寛政句帳・寛政 4 年）

夏の夜に風呂敷かぶる旅寝哉　　（寛政句帳・寛政 4 年）

寒き夜や我身をవれが不寝番　　（寛政句帳・寛政 4 年）

秋の夜や旅の男の針仕事　　（寛政句帳・寛政 5 年）

初夢に古郷を見て涙哉　　（寛政句帳・寛政 6 年）

灯ちらちら疱瘡小家の雪吹哉　　（寛政句帳・寛政 6 年）

もたいなや昼寝して聞田うへ唄　　（書簡・寛政10年）

寝すがたの蠅追ふもけふがかぎり哉　　（父の終焉日記・享和元年）

門松やひとりし聞は夜の雨　　（暦裏句稿・享和２年）

空^{すきばら}腹に雷ひゞく夏野哉　　（享和句帳・享和３年）

我星はどこに旅寝や天の川　　（享和句帳・享和３年）

梅さけど鶯なけどひとり哉　　（享和句帳・享和３年）

はいかいの地獄はそこか閑古鳥　　（享和句帳・享和３年）

空腹に雷ひゞく夏野哉　　（享和３年）

万歳のまかり出たよ親子連　　（文化句帳・文化元年）

うろたへな寒くなる迚^{とて}赤蜻蛉　　（文化句帳・文化元年）

秋の風乞食は我を見くらぶる　　（文化句帳・文化元年）

木がらしや地びたに暮る、辻諷ひ　　（文化句帳・文化元年）

春立や四十三年人の飯　　（文化句帳・文化元年）

木つゝきの死ネトテ敲く柱哉　　（文化句帳・文化２年）

耕さぬ罪もいくばく年の暮　　（文化句帳・文化２年）

又ことし娑婆塞ぞよ艸の家　　（文化句帳・文化３年）

春がすみ鍬とらぬ身のもつたいな　　（文化句帳・文化３年）

穀つぶし桜の下にくらしけり　　（文化句帳・文化３年）

梅干と皺くらべせんはつ時雨　　（文化句帳・文化３年）

袷きる度にとしよると思哉　　（文化句帳・文化４年）

夕燕我には翌^{あす}のあてはなき　　（文化句帳・文化４年）

たまに来た古郷の月は曇りけり　　（連句稿裏書・文化４年）

越えて来た山の木がらし聞夜哉　　（文化句帳・文化４年）

心からしなのゝ雪に降られけり　　（文化句帳・文化４年）

梅咲くやあはれことしももらひ餅　　（文化句帳・文化５年）

秋風に御任せ申浮藻哉　　（文化六年句日記・文化５年）

元日や我のみならぬ巣なし鳥　　（文化六年句日記・文化６年）

五六間烏追けり親雀　　（文化六年句日記・文化６年）

花さくや欲のうき世の片隅に　　（七番日記・文化７年）

花ちるや称名うなる寺の犬　　（七番日記・文化７年）

死支度致せ致せと桜哉　　（七番日記・文化 7 年）

斯う居るも皆がい骨ぞ夕涼　　（七番日記・文化 7 年）

けいこ笛田はことごとく青みけり　　（七番日記・文化 7 年）

蟋_{こおろぎ}のなくやころころ若い同士　　（七番日記・文化 7 年）

玉霰夜タカは月に帰るめり　　（七番日記・文化 7 年）

子ありてや橋の乞食もよぶ蛍　　（七番日記・文化 8 年）

美しき凧上がりけり乞食小屋　　（文化 8 年）

かかる世に何をほたえてなく蛙　　（七番日記・文化 9 年）

夕不二に尻を並べてなく蛙　　（七番日記・文化 9 年）

亡母や海見る度に見る度に　　（七番日記・文化 9 年）

是がまあつひの栖か雪五尺　　（七番日記・文化 9 年）

あの月をとつてくれろと泣子哉　　（七番日記・文化10年）

むまさうな雪がふうはりふはり哉　　（七番日記・文化10年）

ぼた餅や地蔵のひざも春の風　　（七番日記・文化11年）

御雛をしやぶりたがりて這子哉　　（七番日記・文化11年）

我と来て遊ぶや親のない雀　　（七番日記・文化11年）

足枕手枕鹿のむつましや　　（七番日記・文化11年）

大根引大根で道を教へけり　　（七番日記・文化11年）

嗅いで見てよしにする也猫の恋　　（七番日記・文化12年）

紅梅にほしておく也洗ひ猫　　（七番日記・文化12年）

焚ほどは風がくれたるおち葉哉　　（七番日記・文化12年）

痩蛙まけるな一茶是_{これ}に有　　（七番日記・文化13年）

たのもしやてんつるてんの初袷　　（七番日記・文化13年）

はつ袷にくまれ盛にはやくなれ　　（七番日記・文化13年）

あこよ来よ転ぶも上手夕涼　　（七番日記・文化13年）

ふしぎ也生まれた家でけふの月　　（七番日記・文化13年）

茹栗や胡坐巧者なちいさい子　　（七番日記・文化13年）

藪入や泪先立人の親　　（七番日記・文化14年）

秋風や小さい声の新乞食　　（七番日記・文政元年）

這へ笑へ二ツになるぞけさからは　　（おらが春・文政元年）

目出度さもちう位也おらが春　　（おらが春・文政2年）

畠打や子が這ひ歩くつくし原　　（八番日記・文政2年）

雀の子そこのけそこのけ御馬が通る　　（八番日記・文政2年）

麦秋や子を負ながらいはし売　　（おらが春・文政2年）

我と来て遊べや親のない雀　　（おらが春・文政2年）

名月を取ってくれろとなく子哉　　（おらが春・文政2年）

露の世は露の世ながらさりながら　　（おらが春・文政2年）

木がらしやから呼びされし按摩坊　　（八番日記・文政2年）

椋鳥と人に呼るゝ寒哉　　（おらが春・文政2年）

能なしは罪も又なし冬籠　　（梅塵八番日記・文政2年）

ともかくもあなた任せのとしの暮　　（おらが春・文政2年）

筏士の箸にからまる蛍哉　　（八番日記・文政3年）

重荷負牛や頭につもる雪　　（八番日記・文政3年）

ことしから丸儲ぞよ娑婆遊び　　（八番日記・文政4年）

陽炎や目につきまとふわらひ顔　　（八番日記・文政4年）

やれ打な蝿が手をすり足をする　　（梅塵八番・文政4年）

しんしんとすまし雑煮や二人住　　（八番日記・文政4年）

我星はどこに旅寝や天の川　　（文政4年）

春立や愚の上に又愚にかへる　　（文政句帳・文政6年）

朝顔に涼しくゝふやひとり飯　　（文政句帳・文政7年）

寒空のどこでとしよる旅乞食　　（文政句帳・文政7年）

団扇の柄なめるを乳のかはり哉　　（文政句帳・文政8年）

　子供の頃継母に虐められて故郷を追われ、14歳時から10年間の長きに亘って記録に現れない生活を送り、その間、和歌や漢詩等の知識も習得して句に読み込む等して、業俳として立ったものの、江戸の俳人からは椋鳥と蔑まれ、

結社の主宰に向かないため地方の門人を訪ねて旅を重ね、貧乏暮らしにも耐え、漸くにして49歳で帰郷、50歳で家庭をもうけるが、家庭生活の不幸が続き、終の棲家まで火事で失うという凄まじい人生を送りながら、その不幸を自然体で受け止め、さまざまな対象を俳句に詠み込んでいる。

　子規は、前述の『俳人一茶』の中に、「一茶は不平多かりし人なり。苛政を悪み、酷吏を悪み、無慈悲なる人を悪み、俗気多き人を悪む。俗世間の事見るもの聞くもの、盡く不平の種ならぬは無く、従つてその句人を刺り世を嘲りし者あり。此等の句其人を知るに足るものあれど、俳句としては見るに足らず」と記す。

　しかし、一茶俳句の本質は、感性的な美の洗練よりも、対象とローアングルで向かい合って得られた感動の単純化とその素朴な躍動にあり、いわば生命的なエネルギーの飾り気のない放出が一茶俳句の創造的な特質であり(栗山理一『小林一茶』(筑摩書房、1970年))、一茶の境涯やその時々の出来事に伴ったはずの激しい心の動揺は、句となる際に落ち着いたしっとりした表現に整理され、率直な句に昇華されたもののように、私には思える。

　秀句を作ろうとする意識もなく、駄句を恥じる気持もなく、ありのままの対象に対峙し、弱きものに対する慈しみ、家族に対する愛情、離別への哀惜の念や、権力に対する反感、虐められた継母の回顧などに至るまでの自らの心の中を無技巧のままに漂白することによって、滑稽さや風刺、あるいは軽みの味わいさえ感じさせる沢山の佳句を残せたのである。

ひとこと 一茶は、浮き沈みの多い人生を送りながら、一貫して形も中身も平明な句を作っており、多くの句が持つ情趣は私達の琴線に強く触れる。

　対象に向かう一茶の目線はローアングルであり、ありのままの対象と対峙し、自らの心の中を無技巧のままに漂白することによって、それが時に、滑稽さや、風刺あるいは軽みの味わいを句に感じさせることもある。

　一茶の前半生の凄まじい生活の中で鍛えられた精神の強さが、沢山の佳句の背景にあると考えるとき、きくと婚姻した文化11年から同女が死去した文政６年までの妻子との平穏な生活を詠んだ句を鑑賞していて、何かホッとした温かい気持になるのは、私だけであろうか。

第5話　種田　山頭火

人々に愛されながら行乞流転の生涯を送った俳人

　矢羽勝幸は、『信濃の一茶』（中公新書、1994年）の中で、「貧寒孤独な一茶の姿は、成美には“清貧の人”と映り、生活面においても援助を怠らなかった。一茶が異端ながら江戸俳壇に高い名声を持つことができたのも、その背後に成美があったからであろう。それは、あたかも種田山頭火や尾﨑放哉（第6話参照）と荻原井泉水の関係に似ている」と記している。

　荻原井泉水は、「1911年から1919年にかけての8年間に、現代俳句史の中でも最も根源的な革新を成し遂げている」といわれており、「層雲」を創刊して、自由律俳句への道を開き、季題を無用のものとした俳人である。正岡子規の後に現れた新傾向俳句運動において、高浜虚子には唯美的な面が継承されたのに対し、接社会的な新傾向俳句の方は、形式の緊縛による末期症状と訣別するために、自由律俳句へと発展していったとされる（上田都史『井泉水　放哉　山頭火』（永田書房、1976年））。

　　　正しく列をなす　みな卒の　墓なりけり（1914年）
　　　月光しみじみ　こうろぎ　雌を抱くなり（1919年）

　荻原井泉水自身は、その後宗教活動や、第二次世界大戦時の大政翼賛会活動に関与する等し、実際の句作においても、後年の句集『梵行品』（改造社、1932年）には説明過多の句が多くなるように私には思えるが、自由律俳句を提唱し、山頭火や放哉に活躍の場を与えたばかりか、実生活でも彼らを支援し続け、多くの自由律の名句を誕生させたことは特筆に値する。

　種田山頭火は、1882年山口県佐波郡西沢令村（現在防府市）の大地主であった種田家の父「竹治郎」、母「イク」の長男として出生したが、1892年9歳の時に、母親が夫の道楽を苦にして、屋敷内の井戸に身を投げて自殺し、以

後祖母に育てられる。

　身持ちの修まらない父を嫌気し、1901年、18歳時に私立東京専門学校高等予科に入学し、19歳時に早稲田大学大学部文学科に進学したが、1904年、21歳時に神経衰弱で退学し、帰郷。

　1906年、24歳時に父が酒造場を買収するが、家運は衰運の一途を辿り、防府市の家屋敷も売却する。

　1909年、26歳時にサキノと結婚、翌年長男が出生した頃から無軌道な飲酒が始まる。

　1913年、30歳時に「層雲」に初出句、1914年、32歳時に荻原井泉水と初対面。荻原井泉水は、山頭火を「層雲」の優れた同人として遇し、経済的支援だけではなく、古本屋「雅楽多」の開店の際には、多くの書籍を送っているほか、山頭火を訪れて句会を催したり、山頭火が上京した時には自宅に泊めたりしている。

　まず、「層雲」の初期の時代の山頭火の作品の中で、私の好きな句を挙げておく。

　　　思い果なし　ひねもす障子鳴る　悲し（1915年）
　　　しぐるる夜の　一人なり　爪剪る一人なり（1916年）

　1916年、33歳時に「層雲」の俳句選者の一人となるが、種田家破産、竹治郎は行方不明、山頭火は妻子を連れて熊本に至り、古本屋（後に額縁店）「雅楽多」を開業。

　1919年、36歳時に上京するが、同年37歳時に祖母が死去、山頭火は戸籍上はサキノと離婚し、1921年38歳時に東京市事務員に採用されるが、1922年40歳時に神経衰弱症のため退職、関東大震災に遭い、憲兵に拉致され巣鴨警察署に留置されるなどした挙句、生活に疲れて熊本に帰る。

　やがて「雅楽多」を手伝うようになるが、1924年、42歳時に泥酔して、熊本市公会堂前を進行中の電車を急停車させたことがきっかけで、市内外坪井町の曹洞宗「報恩寺」で禅門に入り、導師望月義庵により出家得度し、やがて、熊本県鹿本郡植木町味取の観音堂（曹洞宗瑞泉寺）の堂守になる。

　出家得度してからは句作に励むが、安定した生活が続くとこれに倦んで行乞放浪を繰り返すようになり、その先々で「層雲」の同人らの世話になるが、糊口を凌ぐための糧を行乞で得るようになる。借金ができたときは俳友等から郵便為替を送ってもらう。

　放浪中、喜捨によって木賃宿に泊まれるときは、同宿の世間師の話に耳を傾け、さらに懐が温かいときには酒を贖って楽しむ一方、喜捨の少ないときには野宿をする。

　1926年、43歳時にいよいよ山林独住に倦み、行乞放浪の旅に出、1929年、46歳時に5月間ほど「雅楽多」に滞在するが、以後、一鉢一笠の旅に出ては、「雅楽多」にも姿を現すようになる。

　そして、1930年、48歳時に熊本市春竹琴平町の借間で「三八九居」を営み、1932年、49歳時には山口県小郡町矢足に「其中庵」を結庵する。

　山頭火が其中庵を営んだ小郡市では、逝去後間もなく「小郡山頭火を偲ぶ会」が結成され、1989年の没後50回忌にあたっては、山頭火に関する出版を企画し、翌年武重久編、エッセイ武重石火矢、俳画福田柳里による『山頭火の周辺』(小郡町教育委員会、1993年)を発行した他、会員の寄稿により、武重石火矢編『其中庵俳人山頭火と小郡(改訂版)』(小郡町教育委員会、1995年)が刊行されている。なお、後者によると、同年1月現在全国で284基の句碑が建立されているとされ、山頭火の人気が全国的なものであることが知られる。

　1938年、55歳時に山口市湯田温泉の「風来居」に転居、1939年57歳時に松山市御幸町御幸寺境内の「一草庵」に庵住する。

　晩年の山頭火は、「層雲」選者としても活躍し、早く亡くなった俳人野村朱鱗洞の墓参りと、自殺した母のための四国遍路を目的として松山を目指したが、行乞の難しさや寒さ等に耐えかねて遍路は断念し、高知から急ぎ松山に戻った山頭火を温かく迎えて、一草庵を準備したのは、松山商大(現・松山大学)でフランス語を教えていた俳友高橋一洵をはじめとする松山の人たちであった。

　山頭火は、一草庵での句会の翌日の1940年10月11日、57歳で心臓麻痺によ

り死亡。

　以上、主として、村上護『放浪の俳人　山頭火』(講談社、1988年)による(ただし、数え年を満年齢に換算)。なお、村上護には他に、『種田山頭火』(ミネルヴァ書房、2006年)、『山頭火　境涯と俳句』(昭和出版、1978年)がある。

　地元の俳友では、明治豊国病院の内科医であり、山頭火の経済的、精神的な援助者であったった木村緑平を忘れることができない。福岡県田川郡糸田町のホームページには、「二人の出会いは大正8年4月で、ともに俳句を愛でる間柄は、山頭火をして『逢いたい捨炭山(ほたやま)が見えだした』と詠ませるほどだったようである。糸田に足を運ぶこと14回、緑平宅の心温まるもてなしと語らいに、山頭火は生涯書き綴った日記を全冊、緑平に託しました」と記載されている。

　また、戸籍上は離婚しているものの、元妻のサキノは、季節の変り目には山頭火に新しい衣類を送るなど、母子家庭を顧みない山頭火に対して、なお細やかな心遣いを示し続けた(山田啓代『山頭火の妻』(読売新聞社、1994年))し、二人の間に生まれた種田健も、社会人になってからは、山頭火への仕送りを続けている。

　愛媛県で、山頭火を死後世に出すため顕彰に努めたのが、著述や社会教育に従事した大山澄太であり、1972年から1973年にかけて『定本山頭火全集』(全7巻)を編集。他にも『俳人山頭火の生涯』(弥生書房、1983年)、『山頭火著作集』(全3巻・潮文社、1996年)等を執筆している。

　ところで、さまざまな論者が、山頭火を丸のまま称賛しようとしたり、どうしようもない人と観る(岩川隆『わが山頭火伝』(講談社、1989年))が、そのような批評は横において、松山の俳友のように、まずは山頭火をあるがままに受け容れたうえで、率直に山頭火の残した日記や俳句を鑑賞してみたい。

　まず、日記については、『其中日記』(村上護編『山頭火・山頭火文庫3』(春陽堂、2011年))が有名であるが、ここでは、一草庵に入る直前の遍路旅中の『四国遍路日記』(『山頭火全集第9巻』(春陽堂、1987年))と、一草庵への入庵の

日と、死の直前と、その間の『一草庵日記』((春陽堂書店、1990年)上記『山頭火全集第 9 巻』)から引用する。なお、日記の末尾に掲げられた句は適宜取捨選択をした。

【遍路日記】

　　　昭和14年11月 4 日　雨、風、行程六里、甲ノ浦、三福屋。

雨中出立、そして雨中行乞(今日、牟岐町で、初めて行乞らしく行乞した)、雨が本降りになつた。風が強く吹きだした。(中略)奥鞆町で泊るより外なくなつたが、どの宿屋でも泊めてくれない。(中略)やうやく甲ノ浦まで来て、やうやく泊めて貰ふことが出来た、ありがたかつた、よい宿であつてうれしかつた、同宿に気むつかしい病人がゐていやだつたが。

宿のおばさんがお祭りの御馳走のお裾分けだといつて、お鮨を一皿おせつたいして下さつた、おいしかつた。私も今夜は二杯傾けた。

　　　　　　いつぞやの野宿を

　　　　大空を仰げば月の澄みわたるなり

　　　11月 6 日　曇、時雨、行程六里、室戸町、原屋

朝すこしばかりしぐれた、七時出立、行乞二時間、銭四銭米四合あまり功徳を戴いた、行乞相はわるくなかつたと思ふ、(中略)室戸岬は真に大観である、限りなき大空、果てしなき大洋、雑木山、大小の岩石、なんぼ眺めても飽かない、眺めれば眺めるほどその大きさが解つてくる、(中略)たうたう室戸の本町まで歩いて、やつと宿のおかみさんに無理に泊めて貰つた、もうとつぷり暮れていたのである。

片隅で無燈、一杯機嫌で早寝した(風呂があつてよかつた)。

　　　　　　室戸岬へ

　　　　海鳴そぞろ別れて遠い人をおもふ

　　　11月 8 日　晴一曇、行乞六里、伊尾木橋畔、日の出屋で。

(前略)四時頃、都合よく伊尾木で宿につけた、同宿は同行一人、おばさんはよい人柄である、風呂も沸かしてもらへた、今日こそはアルコールなし、宿に米一升渡して、不足十二銭払つたら、剰すところ銭九銭米二合だ

けなり。

今日の功徳は米六合と銭六銭だつた、よく食べよく寝た、終夜水声。

同行さんから、餅やら蜜柑やらお菜やら頂戴した、感謝々々。

野食

秋もをはりの蠅となりはひあるく

【一草庵日記】

　　　12月15日

たうたうその日──が来た、私はまさに転一歩するのである。そして新一歩しなければならないのである。(中略)すべての点に於て、私の分には過ぎたる栖家である。私は感泣して、すなおにつつましく私の寝床をここにこしらえた。

　　　昭和15年7月3日

早寝早起、それを実行しつつある。

郵便は来たけれど、待っている郵便物(筆者注・為替)は来なかった。昨日も今日も文字通りの無一文!

大空のかがやき、日光の強さ、本格的夏となった。

暮れると待ちきれないで大街道へ、例の店で、カケで、一杯ひつかける、この一杯はこたえた、こたえましたよ。

夜はまた散歩、無水居、和蕾居、三人で四方山話。

ぐっすり睡れた。

　　　8月5日

早起、私は自ら省みて考へる、──私は節度ある生活をうち建てなければならない、ワガママを捨てて規律正しく生きなければならない。私はあまりに気随気儘だつた、私の生活にはムラが有りすぎた、省みて疚しくない生活、俯仰天地に恥ぢない生活、アトクサレの無い生活──そういふ生活にこそ本当の安心立命がある。(後略)

　　　8月18日

私は朝も昼も夜もいつも俳句を考えている、夢に句作することもある、俳

人といふ以上は行住坐臥一切が俳句である程徹底する自分ではある。

——ともすれば死を思ひ易い、——死を待つ心は余りにも弱い、私は卑怯者！と自ら罵った。（中略）お寺の和尚さんから胡瓜や茄子や、南瓜を頂戴した、有りがたし有りがたし、手作りのよさがかがやいている、胡瓜でも食べて今日は送らう、きりぎりすのように。（後略）

　　10月6日

秋祭り（中略）けさは猫の食べ残しを食べた、先夜の犬のこと（筆者注・10月2日山頭火についてきた犬から大きい餅をすなおに受けて御馳走になつた。）もあわせて雑文一篇を「広島遥友」にでも書かうかと思ふ、（中略）いくらでも稿料が貰へたらワン公にも、ニャン子にも奢つてやらう、奢つてやるぞよ、むろん私も飲むよ！

　　10月8日

（前略）芸術は誠であり信である、誠であり信であるものの最高峰である感謝の心から生まれた芸術であり句でなければ本当に人を動かすことは出来ないであろう、澄太や一洵にゆつたりとした落ちつきと、うつとりとした、うるほひが見えてゐて何かなしに人を動かす力があるのはこの心があるからだと思ふ、感謝があればいつも気分がよい。気分がよければ私にはいつでもお祭りである、拝む心で生き、拝む心で死なう、そこに無量の光明と生命の世界が私を待つてゐてくれるであろう。巡礼の心は私のふるさとであつた筈であるから。

夜、一洵居へ行く。しんみりと話してかへつた、更けて書こうとするに今日殊に手がふるへる。

次いで、山頭火の句を紹介する（上田都史『山頭火の秀句』（潮文社、1977年）、大山澄太＝高藤武馬『山頭火　句と言葉』（春陽堂、1974年）、石寒太『山頭火』（文春文庫、1995年）、大山澄太編『定本　種田山頭火句集』（彌生書房、1971年）。これには1940年に刊行された山頭火の一代句集『草木塔』が収録されている）。

1932年刊行第一句集『鉢の子』

　　生死の中の雪ふりしきる

　　分け入っても分け入っても青い山

　　へうへうとして水を味ふ

　　だまつて今日の草鞋穿く

　　しぐるるや死なないでゐる

　　ほろほろ酔うて木の葉ふる

　　どうしやうもないわたしが歩いてをる

　　酔うてこほろぎと寝てゐたよ

　　物乞ふ家もなくなり山には雲

　　捨てきれない荷物のおもさまへうしろ

　　うしろすがたのしぐれてゆくか

　　いただいて足りて一人の箸をおく

　　よい湯からよい月へ出た

　　ふるさとは遠くして木の芽

　　笠へぽっとり椿だつた

　　鉄鉢の中へも霰

1934年刊行第二句集『草木塔』

　　てふてふうらからおもてへひらひら

　　ほうたるこいこいふるさとにきた

1935年刊行第三句集『山行水行』

　　焚くだけの枯木はひろへた山が晴れてゐる

　　よい宿でどちらも山で前は酒屋で

　　さて、どちらへ行かう風が吹く

　　ふと子のことを百舌鳥が啼く

1936年刊行第四句集『雑草風景』

　　ぬくうてあるけば椿ぽたぽた

　　誰も来ないとうがらし赤うなる

　　　月のあかるさがうらもおもてもきりぎりす

　　　月へ萱の穂の伸びよう

1937年刊行第五句集『柿の葉』

　　　水音とほくちかくおのれをあゆます

　　　水音のたえずして御仏とあり

　　　てふてふひらひらいらかをこえた

　　　いつまで生きる曼殊沙華咲きだした

　　　あるけばかつこういそげばかつこう

　　　草はうつくしい枯れざま

1939年刊行第六句集『孤寒』

　　　うどん供へて、母よ、わたくしもいただきまする

　　　うまれた家はあとかたもないほうたる

1940年刊行第七句集『鴉』

　　　寝床まで月を入れ寝るとする

『層雲』収録句

　　　まつすぐな道でさみしい

　　　桐は葉と葉を鳴らす人恋し

『行乞記』収録句

　　　ひとりの湯がこぼれる

　　　しぐるるや道は一すじ

　　　石にとんぼはまひるのゆめみる

『旅日記』収録句

　　　たゝずめば水音のはてもなし

　　　　　井月の墓前にて

　　　お墓したしくお酒をそゝぐ

　　　（墓碑に刻まれた井月の句は、「降るとまで人には見せて花曇り」。なお、井

　　　月については、復本一郎『井月句集』(岩波文庫、2012年)参照)。

『其中日記』収録句

　　　ここにふきのとうがふたつ

　　　蛙をさなく青い葉のまんなかに

　　　熟柿のあまさもおばあさんのおもかげ

　　　枯れゆく草のうつくしさにすわる

　　　ひとりで食べる湯豆腐うごく

　　　ふと酔ひざめの顔があるバケツの水

　　　蝉もわたしも時がながれてゆく風

　　　寝ころべば信濃の空のふかいかな

　なお、村上護編『山頭火句集』(春陽堂書店、2011年)にも、次の句が紹介されている。

　　　ホイトウと呼ばれる村のしぐれかな

　　　ひさびさ袈裟かけて母の子として

　ところで、山頭火の一代句集である前記『草木塔』の中には「銃後」と名付けられた章がある。

　出征兵士や、戦死者や戦傷兵士やその家族に注がれる山頭火の目線もローアングルであり、巧まずして反戦句となっている。

　　　　　　歓送

　　　これが最後の日本の御飯を食べてゐる、汗

　　　ぢつと瞳が瞳に喰ひ入る瞳

　　　　　　街頭所見

　　　ふたたび踏むまい土を踏みしめて征く

　　　　　　遺骨を迎ふ

　　　しぐれつつしづかにも六百五十柱

　　　もくもくとしてしぐるる白い函をまへに

　　　山裾あたたかなここにうづめます

　　　雪へ雪ふる戦ひはこれからだといふ

　　　　　　遺骨を迎へて

54

街はおまつりお骨となつて帰られたか

　　遺骨を抱いて帰郷する父親

ぽろぽろしたたる汗がましろな函に

お骨声なく水のうへをゆく

その一片はふるさとの土となる秋

　　ほまれの家

音は並んで日の丸はたたく

　　戦死者の家

ひつそりとしてハツ手花咲く

　　戦傷兵士

足は手は支那に残してふたたび日本に

　以上、日記や俳句を鑑賞したうえで、山頭火の魅力を一口で述べると、まず、現代のような生きにくい時代の清涼剤であるという点にあるように思われる。

　人は生きながら世俗との対置を逃れられないが、いくら努力しても世俗に溶け込めない人は、「役立たず」という自己実感の中で、酒に逃避したり、放浪に出たりして、現実からはみ出していくことになる。

　まさに、山頭火をそのように理解する人（藤吉秀彦『山頭火　自己放下の旅』（砂子屋書房、1993年）もいて、その理解自体は正しかろうと私も考える。

　しかし、山頭火の人生は、「世俗との対置を逃れられない」ことによる自己否定に苦しみながらも、役立たずの心中を赤裸々に句に表現できたからこそ、取り巻く人々の共感を得、その支援によって生を全うすることができたのであり、彼の紡いだ俳句が、人々を魅了し続けているのだと、私は考える。

　前述の大山澄太は、『俳人山頭火の生涯』の中で、山頭火の心の中を「求めない生活態度　拒まない生活態度　生活態度は空寂でありたい。自分を踏み越えて行け」とも表現する。

　思えば、山頭火の生きた時代に明治政府が構築した我国の教育制度の目的

は、初等教育では皇軍兵士に必要な集団生活のための生活訓練と、産業に従事する勤勉な働き手の養成に、高等教育では資本家階級の育成と、彼らと一体となって国力を急速に増大させていくための行政官僚の養成にあった。

　他方、政権は薩長を中心とする藩閥出身者が掌握し、遅ればせながら、朝鮮半島に足場を築いて、植民地獲得競争に参加しようとしており、国民統合のために万世一系の天皇家中心の国家神道を利用したことも手伝い、江戸時代までの地域社会が担っていたセーフティーネットも失われつつあった。

　明治時代に早稲田大学に進学したエリートでありながら、諸先進国に遅れて世界に顔を出したばかりのこうした日本社会の変革の騒々しさに付いて行けず、スピン・アウトした山頭火は、社会にとっては無用の人間であった。

　しかし、作句と行乞を除いて生涯のほとんどを無為徒食して過ごすような人生は、普通の人には真似のできることではなく、であるからこそ、時代の急速な進展に息苦しさを感じながら、逃れられない普通の人々にとっては、山頭火の生き方は新鮮である反面、その実、私達の心の底の願望を実践するものでもあった。

　山頭火の魅力の二つ目は、山頭火の不器用さは周りの者をして思わず手を差し伸べさせてしまうほどのものであったうえに、幸いにも、彼は足るを知っていたから、そういた好意に囲まれて、生を全うすることができたし、反対に、山頭火の周りに集まった人々も、人間味豊かな山頭火に関わることによって、自身も満ち足りることができたのである。

　山口時代の友人長谷川執持は、山頭火の一周忌にあたり、防長郷土時報に次のような文章を発表したが、それは友人たち共通の思いであったようだ（岩川隆『どうしようもない私　わが山頭火伝』（講談社、1989年））。

　「あんたは生きてゐても死んでゐてもどうだっていゝんだ。あんたは生きてゐる時から死んでゐたし、死んでもいつも生きてゐるんだから。にこにことしてひよつこりでてきても、ちつとも、驚きはしませんよ。あれから一ぺん位はつきりしたあの白いあごひげを見せてもいゝぢやありませんか」。

　これらの言葉の裏に、流石、正岡子規を生んだ松山の文化を背景とする、

56

山頭火に対する深い愛情を感じることができる。

　前記『俳人種田山頭火と小郡　其中庵』所収の武重石火矢のあとがき「山頭火の魅力」にも、「ある日突然、安住の宿其中庵さえも捨てた。山頭火の心になにが起こったのか謎めくその行為こそ、山頭火の人間復活なのである。ブームの根底にあるものは、山頭火の作品なのか、それとも人間性なのか。私たちにはとうてい彼の生きざまをまねられずその勇気もない。とすれば、ブームはある種の願望なのだろう。どうやら山頭火の魅力は、彼の人間臭さにあるようだ」と書かれている。

> ✿ **ひとこと**　山頭火は、明治の急速な社会の変革に付いて行けない落伍者であったが、つい酒の上で失敗しては反省を繰り返す人間臭さが、周りの者に手を差し伸べさせる魅力ともなり、人々に愛されながら、無所有ともいえる行乞流転の生涯を送った。
>
> 　山頭火は、定型句にその思いを織り込む器用さを持たなかったからこそ、自由律俳句に心の中から迸(ほとばし)りでる思いを的確に表現できたと思われる。
>
> 　その人生と句は、社会の中で必死になって自らの在り所を維持しようと齷齪(あくせく)する私達が、潜在的に持っている夢や願望を実現したものであり、だからこそ、私達は山頭火に惹かれるのであろう。

第6話　尾崎　放哉

死と向き合い淡々と人間の弱さ悲しさを詠んだ孤高の俳人

　尾崎放哉は、荻原井泉水に師事し、今日では、種田山頭火らと並び、自由律俳句のもっとも著名な俳人の一人であるといわれている。

　荻原井泉水は、放哉死後、彼のために『俳句集大空』（春秋社、1926年）を編み、その序の中で、彼を次のように紹介している（ただし、初版本を底本として翻刻された『放哉大空』（日本図書センター、2000年）からの引用である）。

　「其人の風格、其人の境地から産れる芸術として俳句は随一のものだと思ふ。（中略）彼が性来の一徹な気質は他と妥協する事が出来ないので、至る処で容れられずに、其から其へと流転してあるいた。（中略）彼は亡き母の追憶だけを別にして故郷が大きらひ、故郷の人も彼を変人扱ひにして、行衛不明の儘に、お互いに音信もしないでゐたと見える。（中略）彼が音信するのは俳句の友人だけになった。而して彼は起きてから睡るまで、仏に仕へる外は俳句に没頭してゐた。飯をたくことが面倒なので、焼米をこしらへて置いて、水を飲んで、いつ死んでもいゝといふ気持ちでゐた。（中略）彼の生活はすつかり大自然と同化してゐた。さうした境地から、彼の俳句がぐんぐんと産まれ出て来た。其生活が純粋になって初めて佳句が出来る筈だといふ私達の考は、此放哉君を得て立派に立証されたのである」。

　放哉は、1885年1月21日鳥取市立川町において、明治維新の鳥羽伏見の戦いで武勲を挙げたといわれる父「信三」の次男（長男は早世）として出生し、1902年17歳で荻原井泉水の1年下で第一高等学校文科に入学、翌年一高俳句会に加わり、1905年、20歳で東京帝国大学法学部に入学、本郷千駄木町（後文京区湯島）の牛鍋屋「江知勝」（1871年創業、2020年1月末日閉店）の貸家に居住する。

　1909年24歳で東京帝国大学法学部卒業、日本通信社に入社するも1月程で

退社、1911年、26歳で東洋生命保険（現・朝日生命）会社東京本社の社員となり、妻「馨」と婚姻。同年荻原井泉水が「層雲」を創刊したことにより、尾崎放哉も作句を再開。

　放哉は、その後東洋生命の大阪支社や朝鮮に転勤を命ぜられたが、法学士が上司として赴任したことに対する古株社員のサボタージュに遭い、社内の人間関係からのストレスで昼間から飲酒酩酊するようになり、1920年、35歳で東洋生命を退社、1923年、38歳時に禁酒するとの約束で、朝鮮火災海上保険会社の支配人として赴任するが、飲酒酩酊中の奇行等が原因で解雇されたうえ、職を求めて満州を流浪中に湿性肋膜炎を患って帰国、妻とも別居する。

　こうして、あらゆるしがらみとの縁が断ち切られた放哉は、「せめて幾分でも懺悔の生活をし、少しの社会奉仕の仕事でも出来て死なれれば有難い」と考えて、同年11月に、西田天香が創始した一燈園に入るが、懺悔報恩の志と異なり、放哉の心は孤独閑寂の世界に向かい、体力の限界や天香に心服できなかったこと等から、飲酒の禁を破った挙句逃げ出し、1924年３月、39歳時に京都知恩院常照寺の寺男になる。

　放哉は、常照寺を訪れた萩原井泉水と再会して感激の余り泥酔し、同寺からも追われた後、同年６月兵庫県須磨寺太師堂の堂守となってからは、秀句を沢山作るようになった。

　しかし、内紛の発生により同寺にも留まることができず、1925年５月40歳時に福井県小浜町の常高寺の寺男になるが、片時の暇も与えない作務を強いられた末、同寺破産により、同年７月荻原井泉水の橋畔亭に寄寓するに至る。

　その後、荻原井泉水とその依頼を受けた小豆島在住の井上一二と杉本玄丶子の尽力により西光寺奥の院南郷庵に入ることができ、句作三昧の生活に入り、1926年４月７日喉頭結核のため死去した。

　以上、主として上田都史『人間尾崎放哉』（潮文社、1968年）、石寒太『尾崎放哉　ひとりを生きる』（北溟社、2003年）による。

　放哉の人生は酒に飲まれた人生でもある。人間関係における鬱積が酒を求

めたとしても、鬱積の原因の一つには、放哉のエリート意識にもあった他、
およそ他人から与えられる善意に対して、感謝の気持でこれに応えるという
姿勢に乏しかったことを挙げることができるであろう。

　とはいえ、生まれつき円滑な人間関係の形成が不得手な人は少なくはない
のであって、そのハンディキャップを、周りが一つの個性として受容してく
れれば良いのであるが、放哉の場合には、荻原井泉水と極く僅かな大学時代
の友人、そして、その妻馨らの限られた人を除くと、そのような寛容には恵
まれなかったように思われる。

　しかし、放哉が世俗に生きることを断念し、南郷庵で、自然に衰弱して死
を迎えることを望みながら句作三昧に入ったことにより、次第に他者との関
係性に関心を失い、過去の恩讐を超越できたことにより、あるがままの自分
を表現する多くの秀句を残せたのである。

　寂しい句であるが、恨みつらみを超越する透徹した乾いた句であり、それ
が不思議な魅力を放っている。過去の木喰聖人達の木喰行さながらに、食を
減らし、あまつさえ、飢餓による自らの死を願いながら最晩年を過ごしたの
である。

　前記『放哉大空』掲載にかかる、放哉が1925年9月2日井泉水に送った書
状の抜粋を紹介しておきたい(放哉書簡に豊潤さを感じたことが執筆の動機にな
ったのが村上護『放哉評伝』(春陽堂放哉文庫、2002年)であり、大瀬東二『尾崎放
哉の詩とその生涯』(講談社、1974年)も同様と思われる)。

　「ココ一週間程、私ハ自分ノ生活状況ヲ変更シテ見マシタ……ソレハ「米」
ヲ焼イテオク事デス、ソレカラ「豆」をイッテオク事デス、ソレト、「麦粉」
「オ砂糖」……以上ダケシカ私ノ身体ノ中ニハイルモノハ一品モアリマセン、
勿論、魚ナンカ少シモタベマセン……「焼米」「焼豆」ハ中々堅クテ、一日ニ
少シシカタベラレマセン……ソシテ、番茶ノ煮出シタノト、前ノ井戸水トヲ、
ガブガブ呑ム事デス、一日ニ土瓶ニ四ハイ位呑ンデシマヒマス……腹ガヘッ
テヘッテ何ノ仕事モ出来マセン(中略)私ハ例ノ断食ヘノ中間ノ方法ヲトッテ
見タノデス(中略)此儘、此ノ南郷庵主人トシテ安定シテ死ヌ事ガ出来ル……

之ガ何ヨリノ希望ナノデス」。

　彼が死と向き合った姿は、吉村昭が『海も暮れきる』(講談社文庫、1985年)を執筆する動機となり、彼の厭離穢土の思いが、吉屋信子が10人の俳人列伝『底の抜けた柄杓』(新潮社、1964年)の中に放哉を加えただけでなく、放哉の章の表題を本のそれにした動機にもなっていると思われる。

　次に、彼の生活が充実していた須磨時代と南郷庵時代の二つの時期の句を、以下に紹介する(前記『放哉大空』の他に、上田都史『放哉の秀句　生死の彼方に』(潮文社、1972年)、石寒太『尾崎放哉　ひとりを生きる』(北溟社、2003年)から引用する)。

【須磨時代】

　　一日物云はず蝶の影さす

　　高浪打ちかへす砂浜に一人を投げ出す

　　なぎさふりかへる我が足跡も無く

　　たつた一人になりきって夕空

　　昼寝起きればつかれた物のかげばかり

　　人をそしる心をすて豆の皮むく

　　いつ迄も忘れられた儘で黒い蝙蝠傘

　　夕べひよいと出た一本足の雀よ

　　障子しめきって淋しさをみたす

　　紅葉あかるく手紙をよむによし

　　自らをののしり尽きずあふむけに寝る

　　潮満ちきってなくはひぐらし

　　波音正しく明けて居るなり

　　淋しいぞ一人五本のゆびを開いて見る

　　漬物桶に塩ふれと母は産んだか

　　ただ風ばかり吹く日の雑念

　　こんなよい月を一人で見て寝る

こんな大きな石塔の下で死んでゐる

鐘ついて去る鐘の余韻の中

仏にひまをもらつて洗濯している

何か求める心海へ放つ

秋風のお堂で顔が一つ

【南郷庵時代】

足のうら洗へば白くなる

障子あけて置く海も暮れきる

ここから浪音きこえぬほどの海の青さの

とんぼが淋しい机にとまりに来てくれた

漬物石になりすまし墓のかけである

雨の椿に下駄とらしてたづねて来た

入れものが無い両手で受ける

咳をしても一人

墓のうらに廻る

鳳仙花の実をはねさせて見ても淋しい

掛取りも来てくれぬ大晦日も独り

あけがたとろりとした時の夢であつた

お粥煮えてくる音の鍋ぶた

雀らいちどきにいんでしまつた

おそい月が町からしめ出されてゐる

迷つて来たまんまの犬で居る

すでに秋の山山となり机に迫り来

障子あけて置く海も暮れきる

菊枯れ尽くしたる海少し見ゆ

松かさそつくり火になつた

流れに沿うて歩いてとまる

とつぷり暮れて足を洗って居る

寒なぎの帆を下ろし帆柱

風吹く道のめくら

肉がやせて来る太い骨である

夜更けの麦粉が畳にこぼれた

淋しきままに熱さめて居り

あすは元日が来る仏とわたくし

一つの湯呑を置いてむせてゐる

やせたからだを窓に置き船の汽笛

すつかり病人になつて柳の糸が吹かれる

春の山のうしろから烟（けむり）が出だした

　第5話の山頭火と、第6話の放哉とは、共に最高学府に学びながら、いずれも現世の秩序からはみ出し、地位と財産を捨て、放哉は寺男となり、山頭火は一鉢一笠の行乞僧となったという点では共通しているが、放哉は「無」において「死」を希（こいねが）い、山頭火は「漂白」において「生」を苦しむ点では好対照を示している（上田都史『井泉水　放哉　山頭火』（永田書房、1976年）より）。

　しかし、愚に徹し愚に生きた山頭火と、純粋な清澄の中で死を願った放哉とは、共に、ベルトコンベアーで運ばれていくことだけが人生と教えられて苦しんでいる人々に、社会の秩序の外にあっても、自身が確かに生きていると自覚できるような生き方があることを教えてくれるとともに、そうした人々の願望を代わりに実現してくれた存在である点で共通しているといえるのではなかろうか。

ひとこと　放哉も明治の急激な社会の変革に付いて行けない落伍
者であり、つい酒の上の失敗を繰り返したが、山頭火とは異なり、他者
との関係性にも関心を失い、孤独な生涯を送り、死を願いながら、句作
を続けた。

　私がふと思うのは、放哉が自由律俳句の俳人でなかったなら、その人
生には如何なる価値があったのかということである。

　作品は彼の人生の結果に過ぎず、いくら藝術的薫りに満ちたものであ
ったとしても、所詮、死者となった者にとっては無縁のものである。

　とすると、放哉なりに、ただ一度の人生を自分らしく生き切った、そ
の生き方そのものが尊いのであり、彼の人生と句は、自ら不器用と卑下
しながら生きる私達を慰め、励ましてくれるのではなかろうか。

第7話　田中　一村

奄美を愛し鋭い観察力と高い技術で新南画を描いた画人

　生前ほとんど無名であったと思われる尾崎放哉が、師の荻原井泉水により、『俳句集大空』が遺句集として刊行されたことが契機となって、世間に押し出されたと同様に、生前無名であった田中一村は、彼が1977年9月11日の逝去後、生前彼が準備しながら果たせなかった作品展を、彼の住んだ奄美大島の宮崎鐵太郎を中心とする人々が、1979年11月30日から3日間名瀬市中央公民館で開催したことが契機となって、その画業が世に知られることになった。

　遺作展の開催に際しては、既成画壇は一村を「異端」として認めるか、無視するかだろうとの考えから、あえて当時の高名な美術評論家のお墨付きを求めず、また、表装から会場展示に至るまでの作品管理の一切を、田中一村の絵に心塊を揺さぶられていた地元奄美高校の教師の西村康博（東京美術大学大学院修了）が引き受けた。

　それからちょうど40年が経過したが、一村の画業は1979年の作品展の開催に先立って、南日本新聞の記者中野惇夫によって「アダンの画帖」として紙上に連載され、その後、『アダンの画帖　田中一村伝』（道の島社、1986年）が刊行され、同書は一度絶版後1995年小学館から再刊されたほか、今日までの間に、小林照幸『神を描いた男・田中一村』（中央公論社、1996年）、南日本新聞社編『日本のゴーギャン　田中一村伝』（小学館文庫、1999年）、湯原かの子『絵のなかの魂』（新潮社、2001年）、大矢鞆音『評伝田中一村』（生活の友社、2018年）等の評伝が次々と発表されている。

　平成30年7月14日から9月17日までの間、滋賀県守山市内琵琶湖のほとりにある佐川美術館で、一村の幼少期から最晩年までの絵画180点等を集めて開催された「生誕110年田中一村展」には、期間中開館以来最多の8万6704人の来館者が駆け付け（南海日日新聞2018年9月23日版）、一村は、僅かな間に、

最も有名な日本画家の一人となるに至っていたと言っても過言ではないように思われる。

　一村は、1908年、栃木県下都賀郡栃木町の仏像彫刻家の父「弥吉」(号・稲村)と母「セイ」の長男として出生し、1912年、一家で東京の麹町に移住、1915年、7歳時に児童画展で天皇賞を受賞、父から「米邨」の号を与えられ、南画の研究に没頭する。

　1926年、17歳時東京美術学校に入学、同期生には東山魁夷、橋本明治らがいたが、15歳時に患った結核が再発、父親の病気も重なり中退、1928年には母セイが死去する。

　やがて一村の南画、文人画の技量が評価されて支持者も現れるようになったが、彼自身は、高踏を重んじて、気韻に富む主観的風景を描くことを主眼とする南画に飽き足らなくなり、次第に客観的風景を忠実に描く新しい日本画を目指し始めた。

　そのために、一村は、それまでの支持者と訣別することになり、木彫りの細工物で一家の生計を支える一方、1935年に父稲村が死去した後、1938年、30歳時に千葉市千葉寺に姉・喜美子、妹房子、祖母スエとの4人で転居、農業で自給を図りながら、ひたすらスケッチに励む。

　やがて、祖母を亡くし、妹房子も結婚して家を出た後は、一村は、姉の喜美子に支えられて画業に励むが、第2次世界大戦中は工場勤務で体を壊して、1945年まで闘病生活を余儀なくされる。一村は、そうした生活の中で、ひたすら平和への祈りを込めたと思われる観音像の秀作を残している。

　戦後、一村は、画壇への再挑戦を試み、自ら切り開こうとした新南画ともいうべき絵画の分野で、1947年、39歳時に「白い花」が川端龍子が主催する清龍社展に初入選するが、その頃一村が描いた襖絵「菊図」、「菖蒲図」、「四季草花図」等は、琳派風の華麗な技が前面に出ていて、未だ新しい画境を開いたものとはなっていない。

　これに対して、翌1948年、満を持して出品した「秋晴」は、仙境や文人の

第7話

世界を空想で描くのではなく、秋の農家の庭先の大木の枝先に大根が干されているところを精緻に描いたもので、一村自らが求めてきた新しい画境を世に問うものであった。

しかし、一村は、見事に落選し、これにより川端龍子と袂を分かち、後松村桂月にも師事するがやはり喧嘩別れし、1953年からは日展にも挑戦するが、東山魁夷、橋本明治らが審査員となっていたにもかかわらず、落選が続く。

しかし、その頃描いた一連の軍鶏の絵の凛とした姿は、徹底した写実のための夥しい数の習作に裏打ちされていて見事であり、現代日本画における南画の凋落を予言するものであるとともに、それを克服しようとする今日の多くの試みが、抽象画技法を駆使する場合も含めて、心象風景をモチーフとするに留まっているのとは異なり、写生を重視した一村の革新性、先見性は特筆に値するように思われる。

やがて、一村は「俺の絵は俺にしかわからない」という絶対の自信を持つに至り、「売ろうという気持がおこると素人受けする妥協した絵になる。どれだけ貧乏しても売り絵は描かない」と考えて、日本画壇との接触も断ち、自分の信じる画境を切り開くことに専念するようになる。

こうして、己のみを頼みとするようになってからは、一村の画面には静謐が訪れ、彼の高潔な人格が滲み出てくるようにもなるが、やがて一村は、自ら切り開いた画風に適したモチーフが南海の自然であることに気づくことになる。

1955年、四国、九州をスケッチ旅行、種子島、吐噶喇列島まで足を延ばして南海の自然に魅了され、後の奄美大島での画業を思わせる「ニンドウにオナガ」等を製作する。

一方、奄美大島での画業を支える資金を作るために描いた千葉時代最後の作品「四季花譜図」は精緻精妙な琳派風の絵であり、自家薬籠中のたらし込みや没骨法などの技術を遺憾なく発揮しており、やがて、それらの技法が南海の自然の写生にも駆使されることになる。

1958年、千葉の自宅を売却し、50歳時に、姉(一村の画業を支えたが、1965

年死去)を残して単身で奄美大島に渡り、ハンセン病療養所として1943(昭和18)年に開設された奄美和光園に当時勤務していた小笠原登(第17話参照)と意気投合して、その官舎に移り住む。

そして、「パパイア」、「ユリと岩上のアカヒゲ」等を描き、スケッチにも励む間、親族との一切の交流を断ち切られていた沢山の患者から、ボロボロになった古い写真を渡されて、その瞼の奥にある肉親の肖像画を描いて、喜ばれている。

一村は、当初は奄美大島の人々の風俗や生活をも写し取っていたが、やがて一村のモチーフは南海の自然に絞られていく。

1960年、一村は一度千葉に帰ったが、翌年53歳時に再び奄美大島に渡り、永住して自らの画業の完成を期することになり、「ソテツとアダン」、「ビロウとアカショウビン」等を描き、翌年には名瀬市有屋の和光園の職員の所有する借家に入り、今後数年間画業に専念するための画材購入資金を蓄えるために、紬工場に大島紬の擦り込み染色工として就職する。

1967年、紬工場を辞めて画業に専念、「白花と赤翡翠」、「アダンの海辺の図」を描いた後、1970年再び紬工場に勤務、1972年、64歳で再び絵三昧の生活に戻り、「ポインセチアとツマベニチョウ」、「海の幸」、「熱帯魚三種」、「エビと魚」等を描いたほか、1974年には「クワズイモとソテツ」を描いている。

奄美大島時代の作品としては、他に、「ビロウとブーゲンビリア」、「岩上赤翡翠」、「ビロウとコンロンカ」、「ビロウ・コンロンカに蝶」、「枇榔樹の森にて」、「ビロウとハマユウ」、「榕樹に虎ゝづく」等があるが、「アダンの海辺の図」と「クワズイモとソテツ」は、一村自身が「これは私の命を削った絵で閻魔大王えの土産品なのでございますから」と手紙に書き残していた作品である。

1977年、68歳時に、宮崎鐵太郎らに勧められて、奄美大島で個展を開こうと決意し、作品を集めるために千葉に行き、奄美大島に持ち帰るが、同年9月11日心不全に倒れる。戒名は、専精院浄絵居士。

　一村の作品集としては、NHK出版編『田中一村作品集（新版）』（日本放送出版協会、2001年）、日本放送協会（プロジェクト21）編集『奄美を描いた画家田中一村展』（一村展実行委員会、2004年）、大矢鞆音『もっと知りたい田中一村生涯と作品』（東京美術、2010年）、大矢鞆音監修『田中一村作品集（増補改訂版）』（NHK出版、2013年）などがある。

　日本の画壇では、画家は、先に一流となった大家に師事し、その庇護を受けることによって、世間的に認められるようになり、さらに特定の画商と結び付き、画集を刊行したり、個展を開催しながら販売価格を上げ、それが愛好家による取引の基準となっていく。

　それは、画家の思想や絵画そのものの魅力とは無縁の世界であり、先に一流となった大家は往々にして俗物であって、新進気鋭の画家から活躍の場を奪うことも少なくない。これを言い替えれば、わが国の美術界は、決して文化の香りは高くないのである。

　それに対して、売るための絵を描かなかった一村が奄美で完成させた画業は、画法こそ高度な日本画の技法を駆使しているが、むせかえるような精気にあふれる南海の植物を主たるモチーフとしながら、遥か彼方の静かな空と海をも描き込み、そこに南海に住む人々の世界の存在を暗示し、それまでの日本画とは一線を画している。湯原かの子は、「官能的な植物群に遠景の静謐な風景が対照をなし、海からの潮風が画面に霊的な息吹を送り込んでいる。遠景の海と空は清浄な世界を暗示する。この構図には、深層の無意識世界への沈潜と、彼岸の霊的世界への憧憬が共棲する」と語る。

　一村は、客観的風景を忠実に描いたし、そのために毎日の散歩とスケッチを欠かさず、画面に向かうときには、構図に神経を用い、また、描く動植物には繰り返したデッサンの成果を取り入れたが、動植物が一村の画面に姿を現すときには、対象を実物以上に的確に捉えるためのデフォルメが巧みに施され、完成した絵は象徴的で装飾的な作品となっている。

　その結果として、一村は、画壇と決別してまで目指した、客観的風景を、写実的でありながら、同時に象徴的、装飾的に描く、彼独自の新南画につい

に到達できたのである。

　そして、そうした生活の基盤となった高潔な人格が、画面全体を引き締め、かつ、気品あふれる静謐なものとしており、その緊張感と透明感は、他の著名な日本画家にすら追随を許さないものがある。

　最晩年の魚等を描いた小品の数々は、一転して原色鮮やかに、古希（数え）を控えて、画業を貫けたことについての感謝を込めて、周囲の人々にプレゼントするために描かれたものであり、被写体も生死を超越しているようにみえる。

　一村の評伝の著者達は、一村に深い興味を抱き、その画業を愛して、さまざまな角度から評価を下しているが、それは、一村の絵画がいろいろな人の琴線に触れるからでもある。

　一村を、「孤高」、「異端」、「不遇」、「清貧」、「求道者」などの言葉で語ったり、「ユタ（奄美の宗教的職能者）」に例えたり、その「貧窮」、「不遇」に同情を寄せる人がいるが、私にはいずれの言葉も一村を語り尽くせていないように思える。

　一村の絵をポール・ゴーギャン（1848年〜1903年）の絵と対比するファンもいるが、等しく南国の島嶼に移り住んだとはいえ、ゴーギャンは、南国の女性とその生活にモチーフを求めたに過ぎないのに対し、一村は、島の人々と共に生き、島の自然と風景とを描き、そして、愛された。

　また、アンリ・ルソー（1833年〜1910年）も熱帯のジャングルを舞台にした絵を残しているが、彼は、パリの植物園での写生に基づく絵を描き、その中には人も描かれている等、決して南国の自然と風景そのものを描いたわけではない。

　そして、この二人の画家と異なり、一村は、奄美に渡った直後の一時期を別として、あくまでも南国の自然と風景とを、現地で描くことに徹した画家である。

　ところで、一村の評伝を読んでいると、画家としては孤高という表現にふ

さわしいが、自らの画業を自慢することもなく、慎みをもって島民と接した
ことがわかる。

　最晩年の静物画の小品や、奄美大島に渡島した頃に和光園のハンセン病患
者のためにその肉親を描いた肖像画には、温かい心を持った市井の人一村の、
情愛の深さと誠意とがみなぎっており、それらを鑑賞していると、きっと一
村自身も奄美大島の人々との生活に満ち足りていたのではないかと思えてく
る。

　そこで、私は一村の奄美大島での生活に強く心魅かれ、是非自分の目で触
れてみたいと思うようになり、2020年1月22日に妻を誘って、一緒に奄美大
島に出かけた。

　奄美空港に到着、まず奄美パーク内にある「田中一村記念美術館」で絵画
を鑑賞、千葉時代の「白い花」等各時代の絵画を鑑賞したうえで、一村が最
初に渡島した際に描いた1959年の「竹に大瑠璃」と、「赤髭」、再び渡島した
後1960年に描かれた「パパイヤとゴムの木」、「アダンと小舟」、「奄美の海に
蘇鐵とアダン」、1961年の「草花と岩上の赤髭」、1962年の「初夏の海に赤翡
翠」、1972年の「榕樹に虎みゝづく」、1975年の「朝の海」、「与論島初冬」、
1977年の「海辺の花々」そして、完成した年代は不詳とされる不朽の大作
「クワズイモとソテツ」、「蘇鐵残照図」等を鑑賞し、改めて、画面の透徹し
た空気や静謐さとその背後にある圧倒的な緊張感に、他に追随を許さない高
い精神性を感じ取ることができた。

　その後、龍郷町を通って奄美市の国立療養所和光園を訪れて、一村と小笠
原登との交流を偲び、比較的近くにあった有屋町の田中一村居住跡を訪れた。

　一村は死去の直前、それまで永年暮らした有屋町の借家を出て、近くの別
の借家に移ったものの、その10日後に死亡しているが、その終焉の家が移築
されて当時のままに残されている。一村が画業を継続するために自ら改造し
ていた建物である。

　壁の穴から屋内が覗き見られ、永久保存のためには喫緊の手入れが必要で
あると思われたが、奄美大島での一村の人気と、今日の日本中での一村見直

しの空気を見ていると、他郷の者が懸念する心配はなさそうである。

　その日の夜は、郷土料理の店「吟亭」で食事と島唄などを心ゆくまで楽しませてもらったが、奄美大島で感じたのは、島の人達がとにかく親切だということである。求めた品物がなかった土産物屋では、購入できる他店を探してくれたうえ、そこへ行く道順を親切に教えてくれたとか、探している書籍を在庫していなかった本屋では、インターネットで直接購入する方法を教えてくれる等々、枚挙に暇がなく、晩年をこのような人達に見守られて、一村は幸せであったに違いないと確信できた旅であった。

> **ひとこと** 南画、文人画の若き名手として早くから世に出た一村は、客観的風景を忠実に描く新日本画を目指したことから、支持者や画壇と決別し、孤高の画家として歩むことを余儀なくされた。
>
> 　しかし、奄美の風景が、自己の画業を世に認めさせたいというそれまでの世俗的な意欲を失わせたことによって、一村は、島の素朴で心優しい人々と交流しながら、画業一筋に生き抜くことができた。
>
> 　こうして一村が確立した新南画の数々の傑作が残されることになった。「アダンの海辺」、「不喰芋と蘇鉄」、「奄美の海に蘇鉄とアダン」等の中には、将来国宝に指定されるものがあると書くと、贔屓の引き倒しになるであろうか。

第8話 佐 伯 祐 三

独自の荒々しいタッチでパリの古い街並みを描いた画家

　佐伯祐三も、田中一村と同様、ひたむきに絵を描き、独自の画風を確立した後、生を終えたという意味で、一村とよく似た画家の人生を送っている。

　坂本勝『佐伯祐三』（日動出版、1970年）の巻末に納められた「献詞」の中で、旧制北野中学時代の同窓生であった筆者は次のように語っており、その言葉は、祐三だけでなく、一村の後半生にもそのまま当てはまる。

　「佐伯君。君は一度だって自分の作品を売ろうとしたことがあるか。美術批評家のペンを気にしたことがあるか。君の頭のなかでは、そんなことは一顧の値打もなかったはずだ。君はただ画布の上で自分の感覚に形象を与えようとしただけなのだ。サロン・ドートンヌの入選も、二科会の受賞も、君が進んでもとめたものでは決してなかった。君はある種の目的をもって絵を描いたのではない。君の絵は君が描いたというよりも、自然に咲いたというほうが実感に近い。君の作品が花だとすれば、君がいちばん怖れかつ警戒したのは、花弁のなかに不純なものが潜入していはしないかということだった。（中略）たとえ一刷毛でも不純なものが混っていれば、君は断じてそれを許さなかった」。

　田中一村には画材を得るために働く時間が必要であったし、描いた絵には69歳で自らの命が尽きるまで筆を入れ続けたため、残された絵の点数は少ないが、佐伯祐三は経済的に豊かだったとまでは言えないまでも、画業に一途に没頭することが許され、30歳で短い生を終えるまでの間に、たくさんの絵を残すことができた。

　佐伯祐三は、1898年4月28日今日の大阪市大淀区中津の光徳寺の住職であった父「祐哲」の4男3女の二男として出生し、1912年北野中学校に入学、

独自の荒々しいタッチでパリの古い街並みを描いた画家

1915年、油絵に興味を持ち赤松麟作の指導を受ける。

　父祐哲は祐三が医師になることを希望していたが、祐三は画家になること
を望み、1917年、中学校を卒業して上京川端画学校洋画部に入り、藤島武二
にデッサンを習った後、1918年4月東京美術学校洋画科予備科に入学、同年
9月本科に進級したが、祐三は、初め、中村彝やルノワールの作風に影響を
受ける。

　祐三は1919年池田米子と知り合い、1921年22歳時に挙式（婚姻届出は1922
年）して、今日の新宿区中落合に新家庭を営み、翌年長女彌智子が出生した
が、1923年東京美術学校卒業した祐三は、学校での指導に物足りなさを覚え
ていたこともあって、同年11月神戸港からあこがれのパリに向かい、翌1924
年1月4日家族3人でパリに上陸する。

　同年3月パリ近郊のクラマールに定住し、セザンヌに心を動かされるが、
同年夏里見勝蔵の案内で、自慢の作品を持参し、フォービズムの画家モーリ
ス・ド・ヴラマンクを訪ねたところ、「このアカデミズム！」と1時間半に
わたって酷評されたことが切っ掛けで、東京美術学校に飽き足らなかった自
分が真に求めていたものに気づき始めた。米子夫人は、その頃の祐三が「急
に人が変わったように、夢中で絵の中に誘いこまれていくように見えまし
た」と語っている。

　同年11月一度ホテル・ソムラールに転居したうえ、翌12月バリ市内リュ・
デュ・シャトーのアパートに転居し、モンパルナスの裏町風景を連作し、翌
1925年9月　サロン・ドートンヌ（1903年、マティス、ルオー、ジュルダン、ヴ
ュイヤール、マルケ、ボナール、カモワン、フリエスらの参加によって産声を上
げたフランスの美術展覧会であり、現在も毎年秋にパリ市内にて開催されている）
に、「コルドヌリ」と「煉瓦屋」が入選、米子も「アルルのはね橋」が入選
する。

　1926年2月8日ナポリ港より出発、同年3月15日神戸港着、4月東京下落
合のアトリエに帰る。同年5月里見勝蔵、小島善太郎らと1930年協会を結成
し、その第1回展に持ち帰った作品を出品、同年9月第13回二科展に特例と

して19点の作品の出品が認められて二科賞を受賞する等、その画業が広く認められるようになる。

　しかし、下落合風景や滞船の連作等を試みたものの、佐伯祐三は、日本の風景が彼の画風とはマッチせず、絵のモチーフとはなり得ないと気付き、再渡欧を決意し、資金集めに奔走した末、1927年 8 月 8 日大阪を出発、ハルピン、モスクワを経由して、 8 月21日パリに到着、24日にはパリのホテル・パックスに移り、10月上旬ブールヴァール・デュ・モンパルナスにあるアトリエに転居。

　1928年 2 月、郊外写生地のモラン河沿いの村の風景を連作するが、同年 3 月「黄色いレストラン」を書き上げて、米子夫人に「これでぼくの仕事は終わった。描くべきものは描いたよ」と告げた数日後に喀血、病床に就き、肺結核の進行とともに、神経衰弱気味となる。 6 月 4 日未明、ベットから姿が消え、一時行方不明となるが、ブーローニュの森で警察に保護され、23日セーヌ県の精神病院に入院し、同年 8 月16日死去した(以上、朝日晃『そして佐伯祐三のパリ』(大日本絵画、2001年)、河北倫明監修『日経ポケット・ギャラリー佐伯祐三』(日本経済新聞社、1991年)。なお、死去時の経過については、山田新一『素顔の佐伯祐三』(中央公論美術出版、1980年)参照)。

　佐伯祐三は、早くから自家製のキャンバスを使用しているが、それは適度の吸収性があり、乾燥度の早い油で溶いた絵具を使用することができ、彼の筆先は、描くほどにスピードを増した。

　1998年現在、第 1 次パリ時代の油絵は169点、第 2 次パリ時代のそれは98点が確認されている他(朝日晃＝野見山暁治『佐伯祐三のパリ』(新潮社、1998年))、佐伯祐三は、里見勝蔵に対し、第 2 次パリ時代滞在 4 カ月の間に107枚を描いたと、その驚異的製作量を知らせている(朝日晃『永遠の画家佐伯祐三』(講談社、1978年)、なお、朝日晃『そして佐伯祐三のパリ』(大日本絵画、2001年)参照)。

　佐伯祐三の絵(大阪市立近代美術館建設準備室『生誕100年記念佐伯祐三展』西

日本新聞社事業局、1998年）は、まず、大胆な筆遣いと、一心不乱に引かれた無数の線に特徴がある。

　流れるような速筆で描かれたパリの街中の看板の文字も、画面を分割し、あるいは変化と緊張とを与えていて、画面の重要な構成要素となっている。

　次に、たくましい黒色の線を活用した彼のデッサン力は卓越していて、モチーフとなった本物の写真と並べると瓜二つである。

　この活き活きとした描線と、巧みなデッサン力と鮮やかな色調が佐伯祐三の魅力であり、作品が発表された直後から熱狂的ファンを得ることができたのだと思われる。

　しかし、第2次パリ時代の油絵は、次第に、描線の数が減少する代わりに、黒く太い線によって区画された平面によって画面が構成されるようになるとともに、風景画だけではなく人物画もデフォルメが進み、最晩年に描かれた2枚の「ロシアの少女」等では、原色の色使いが大胆になる一方で、被写体の形の縁取りに用いられた黒々とした描線が、あたかも墨絵との融合が意図されたもののようにさえ見ることができる。

　それは、新しい絵画の世界を予想させるものでもあり、佐伯祐三自身が不満を感じていたであろう下落合時代の作品は、仮に、この第2次パリ時代の後に佐伯祐三が肉体と精神の健康を取り戻すことができたなら、西洋と日本の絵画を融合する新しい絵画に進むための習作として位置付けられるようになっていたかも知れない。

　ところで、第2次パリ時代の絵画について、前期と後期のそれとを分けて、精神分裂病進行に伴う影響が説かれることが少なくはないが、私には、後期に描かれた絵画も、精神的な緊張を保っていて、画面全体が破綻なくまとめ上げられていて、芸術作品としての香りを十分維持していると思える。

　2021年度に開館が予定されている「大阪中之島美術館」の構想は、佐伯祐三作品31点を含む、実業家・山本發次郎コレクションの寄贈(1983年)をきっかけに誕生したものであり(山本發次郎は、1932、3年頃に額縁屋から持ち込ま

れた佐伯祐三の絵に惚れ込み、1935年頃の東京での展覧会の最終日にすべての作品を買い取ったという逸話があり、最大で150点ほど蒐集した中の100点ほどは戦災で焼失しているという）、佐伯祐三の大小の作品展は、今日なお毎年のように全国各地で開催されている。

🌸 **ひとこと**　パリ時代の祐三の絵がたちまちのうちに高評価を得たにもかかわらず、その画風は短期間でなお変遷を見せていることは、彼が絵とだけ向き合い、あくまでも純粋なものを追及して止まなかったことを物語っている。

祐三は、印象派から出発して、フォービズムやキュービズムまでの絵画運動のエッセンスを吸収しつくした末、彼独自の絵画を残したが、30歳で没した祐三最晩年の「郵便配達夫」から、フィンセント・ファン・ゴッホ最晩年の「医師ガシェの肖像」を連想するのは私だけであろうか。

共に精神の病いを患っていたとされるが、被写体の二人の人物が全く異なる筆致で描かれているのに、いずれも描かれた時の緊張感に淀みがなく、その個性までもが見事に表現されているように思えるのである。

第9話　中村　彝

孤独と病に耐えて生を燃焼させた夭折の画家

佐伯祐三と同様、結核で死去した画家に中村彝がいる。

第2回帝展で、中村彝の「エロシェンコ氏像」を観て深く感銘を受けた會津八一は、早稲田中学校赴任時に最上級にあり親交を続けていた曽宮一念の紹介で、1923年12月中村彝の病床を訪れ、彼の印象を次のように記している（「中村彝君と私」『會津八一全集』（第6巻、1958年）、その後体裁を新たにした『渾齋随筆』（中央公論美術出版、1968年）を経て、1988年に中央公論社から新書版が刊行された）。

「この人の、あの麗かな、晴やかな言葉のうちに、自然や人生の姿も、芸術の魂も、あの根強い人格の匂ひとともに、刻々に私に迫るのを覚えた。ことに奥深く見通して、熱烈に感激しながら、なみなみならぬ理知の力で掴んでゐるらしい芸術観がただの世間噺のうちにも、濁りもなく、曇りもなく、自由に躍動するのが嬉しかった」。

その後、會津八一から送られた『南京新唱』を、瀕死の病床で受け取った中村彝が、その死の4日前に認めた返事には、「何でもなく歌はれた文句のはしにも、悠久な自然の忍びよる幽かな響、はてしなく流れ、わびしくおしうつり、やはらかに恵む、その深い気息が感じられて、全く堪らない感じがします。悲しいと言っていゝか、嬉しいと言っていゝか、ソクソクとして迫る大自然の幽玄な力に蔽はれて、体が急に寒くなり、血圧の高まるのを覚えます」と書かれていた。

中村彝は、1887年7月3日、今日の茨城県水戸市金町の元水戸藩士の父「順正」、母「よし」の3男2女の末弟として出生し、翌年父を、1898年母を亡くし、長兄「直」の厳しい訓育の下で成長する。

1893年茨木市上市尋常小学校に入学し、1897年茨城県尋常師範学校附属小

学校に、1998年、牛込区愛日小学校高等科に転入学、1900年早稲田中学校に、1901年名古屋地方幼年学校に、1904年に陸軍中央幼年学校に入学するが、胸部疾患と診断されて退学、1905年、転地療養を開始する。

　1905年以降、茨城県や静岡県で転地療養をする傍ら、多湖実輝を知り、絵を描くようになり、白馬会の本郷菊坂の第二研究所や溜池研修所を経て、1907年太平洋画会研究所で中原悌二郎らとともに学ぶ一方、同年市ヶ谷キリスト教会で植村正久牧師から洗礼を受ける。

　1908年から文展に出品するが、1909年の第3回展で入選、以来、度々受賞し、新進画家として画壇における地位を確立していき、1914年の東京大正展覧会にも出品して銅賞を受ける。

　しかし、彼は世に受け容れられる絵を描くことを拒否し続け、貧窮の中に一生を終えることになるが、その気構えについて、次のように書き残している。

　「畫家にはたゞ信念！常にかたいかたい信念と自由とがなくてはならぬ。世の好尚も、評者の意向も気にする必要はない。先輩の顔色を窺う必要もなく、名画を怖れ、自然に屈服する必要もなく、愚問に答える必要もない。遠慮も、弁解も、見栄も、礼儀も、宣伝も、念頭におく必要はない。画家はたゞ信念！常に固いかたい信念と自由がありさへすればいゝのだ。信じて『ズバリ』と虚空に線を引け！」(中村彝『芸術の無限感』(中央公論美術出版、2004年))。

　彼は、「生きた芸術」と題する詩の中で、次のよう歌う。

　　「体臭なき芸術、
　　汚臭と糞臭なき芸術は
　　生きた芸術ではない。
　　レンブラント、ルノワール、ゴツホ、光延、
　　ドナテロ、ロダンの偉大さはそこにあるのだ」
　同じく「美」と題する詩。
　　「絶対の幸福が幸福でないとどうやうに、

絶対の調和は空虚であり

絶対の美には力がない

ラファエル、アングル、応挙、王安石、探幽の弱点はそこにある」

　1911年12月から新宿中村屋の主人相馬愛蔵、黒光夫妻の好意により、中村屋裏の画室に移り、1913年頃からは11歳年下の相馬家の長女俊子をモデルにした絵を多く描いたが、間もなく恋愛が拗（ねじ）れ、1915年転居、相馬夫妻に俊子との結婚の許しを求めるも反対されて、二人の仲を引き離され、その恋が成就することはなかった（新宿中村屋を舞台とする相馬愛蔵、黒光夫妻と芸術家等との交流については、宇佐美承『新宿中村屋相馬黒光』（集英社、1997年）に詳しい）。

　1915年から中村彝のパトロンとなった実業家今村繁三外の協力も得て、1916年8月豊多摩郡落合村下落合に画室のある家を新築し、岡崎きいに身辺の世話を依頼するが、病臥の合間に筆を執るような生活を送るようになり、1920年結核専門医の診断を受けて遺言状を書く。

　1924年12月24日喀血による窒息のため37歳で死去。奇しくもこの没年齢はフィンセント・ファン・ゴッホと同じである。

　以上、主として、日本アートセンター『中村彝』（新潮日本美術文庫37、1997年）による。

　中村彝の絵にも、多くの西洋画家の影響が見られ、最初はレンブラント、次いでルノアール、やがて、セザンヌ、ゴッホのタッチを感じさせる絵も描いている他、彼は、展覧会で見たロダンの彫刻にも感激したといわれている。

　初期のレンブラント風の重厚な自画像や、印象派の影響を受けた「巖」に始まり「海辺の村」に至る登竜門時代、中村彝の青春時代の相馬俊子を描いたルノワール風の連作も良いが、その後の「田中館博士像」（田中舘愛橘博士のポーズは寺田寅彦博士が決めたとされる）以後の独自の画風が確立した晩年の絵からは、より透徹した精神的なものが感じられる（日本アートセンター『中村彝』の原田光の作品解説参照）。

　中村彝は、結核からの回復を願って、一時、友人らから勧められるままにさまざまな迷信にも類する民間療法を試みたが、やがて断念する。

　1920年8月21日友人曽宮一念に宛てた手紙の中で、次のような決意を示している。

　「おれは近頃又少しよくなくて悲観して居る。もうおれは身体をよくしようと言ふ考へは、この九月限り断念する積りだ。病も膏肓に入ると大自然や運命と同じで、いくらそれから離脱しようたつて要するに無駄骨折りだ。(中略)僕も九月半過ぎに帰るが、今度帰つたらもうミレーの百姓にならつた、運命の重荷を背負つたまゝで、どんな不利な条件や苦も黙認して、それに抗ふことをせずに、たゞコツコツと少しでも描けるだけ絵を描くと言ふことにしようと思ふ」。

　中村彝は、友人から贈られた「通俗結核病論」を通じて遠藤繁清医師を知って、治療を依頼し、1921年4月11日の夜診察を受けたところ、同医師は、患者の胸部の所見が随分悲観的変化を示していたが、右肺の病変が減退するかもしれないという見込みと、心臓が割に強いことと、当人が全然絶望してはいないらしいことは一縷の望みであり、他方、治療のために絶対安静を強要することによって、自分の才能発揮の機会を喪失させるならば、いよいよ死期を迎えた時に患者は激しく呪うだろうと考えて、「肺患を持ちながら大事業をした人は外国にも日本にも随分ある。只肝要なことは其の病体をだましだまし使いこなすことである」と説明し、この言葉が中村彝を喜ばせ、力づけたという。

　こうして1920年頃以降に描かれた絵画には、最早印象派の持つ明るさは認められず、残る力を振り絞って、無心に制作に打ち込んだ、その澄み切った画境が感じられる。

　1921年とその翌年はほとんど製作できなかった中村彝も、1923年後半から小康を得るとともに、同年9月1日に発生した関東大震災を契機に「絵をかく以外に自分の心に絶対の安神を与へ、死に打ち勝つべき道はない」と矢継ぎ早に制作に向かうが、それらの作品の構成には、ゴシック建築からの影響

が見られ、中村彝の絵画の特徴である色彩の調和や構成の厳格さをより明確に示すが、天上への憧れさえ感じさせ、「エロシェンコ氏像」の他、「髑髏を持てる自画像」や「老母像」（モデルの岡崎キイは、土佐藩山内侯の元側室とされる）等は、人の目を釘付けにして、放させない（鈴木秀枝『中村彝』（木耳社、1989年）参照）。

　彼が求めた絵画が如何なるものであったかを紹介するために、いささか長文になるが、前述の『芸術の無限感』の彼の随筆「自然を見る眼」から引用しておきたい。

　「真の写実家は、自己の画面が『自然らしくない』といふ事を苦にしてはならぬ。描いたものの外観が自然の外観に似たといふ事によって安心してはならぬ。何よりも『真実でない』といふ事を苦にすべきである。自然の外観を支配する根本的基礎、たとへば音楽的な幾何学的基礎の如きものを握り得たかどうかといふ点を苦慮すべきである。真実とはかゝる統一的な慧智の管理によりて見た自然のことである。芸術とはかゝる意味での真実が個性的なる造詣的表現を得たものを指して言ふのである。それ以外に何か一定の美が単独に存在して居ると思ふのは一種の妄想に過ぎない。人はよく、ある特定の概念的心象や、形態や、場所や、配置等に美があると思って居る様だが、これは大なる誤解である。善、勇気、壮大、豊麗等の観念のみを有難がって、生きた直接の感動、情意を軽視するのは、花、美人、富貴、宮殿、日本三景等のみを美しいとするのと同じ低級な悪趣味である。美は時や、所や、配置を超えて一切萬有を遍照する活物である。大小、貧富、賢愚、美醜、善悪を超えて到る所、あらゆるものを周流し、貫流する潮流である。特定の観念や、題目や、型式や、場所に安置された死物ではない。如何なる卑賤なるものと雖も、一度此の普遍の光に照らされ、その完全と調和力とを暗示する霊媒者（ミーヂヤム）となる時、そこに神秘が寓（やど）り、崇高なる神格を現出するのである。大自然を貫流するこの生きた普遍のリズム、この生きた統一的線條、生きた必然的構成を見るものは、殊更に我意を用ひて描形したり、構図したりはしないであろう。『美とは適合である』とミレーも言って居るが、若し適合が美である

ならば、この生きた必然的構成と真実以上の適合はないであらう。

　画家よ。汝の小さき我意と僻見を捨てて、ひたすら自然の霊智を讃仰せよ。自然を批評し取捨する前に、先づ慎みて静観せよ。真の崇厳と神秘とが如何に身近く、自然のありのまゝの姿の中に輝けるかを悟るであらう」（大正11年１月）。

　米倉守はその著書『中村彝　運命の図像』（日動出版部、1983年）の「あとがき」に、「日本はほぼ確実にこんご貧乏になると私は思う、このまま生活水準があがって行くわけはない。アメリカの軍事力の手先になって世界進出すれば別だが、それは則地球の破滅になるわけだから、いずれ貧乏しかない。約５年の歳月を費やした中村彝の評伝執筆で私が繰り返し学習させられたのは、貧乏の状況の中でも生を燃焼させて生きていけるもろもろの条件であった。中村彝は貧乏も病気もそして恋も忍んで画家としての生涯を終えた、絵を描くことですべてに耐えたのである。（中略）死にざまの美しさである」と書いている。

　その後日本はバブル期を迎え、アメリカに次ぐ世界第２の経済大国となった。

　しかし、2018年の名目ＧＤＰこそ世界３位であるが、バブル崩壊後は急速に貧富の格差が拡大し、生活困難者の増加、人口の減少等による経済、社会不安が高まりつつあるにもかかわらず、政財界は一向に夢から冷めず、資本主義の暴走の速度を緩めようとしない。

　そして、社会の安全弁でもある大切な文化の価値にも、なお気づこうとしていないように思われる。

　思えば、平成の初めに崩壊したわが国のバブル景気の際には、絵画や工芸品等が暴騰したが、バブル紳士たちのステイタスとして、また贈収賄等の手段としての贈答用に、有名芸術家の作品が、作品の良し悪しとは無関係に、有名百貨店や名の知れた画廊で高値売買されたに過ぎず、真の美術愛好家によって優れた作品が収集され、大切に保管されていたわけではない。

　当時の大企業大昭和製紙の名誉会長齊藤了英は、1990年にゴッホの名画「医師ガシェの肖像」を8250万ドル（当時の日本円にして約124億5000万円）で落札し、自分が「死んだら棺桶にいれて焼いてくれ」と発言して、世界中から非難が殺到したが、間もなく製紙業界の不況で大昭和製紙も赤字となり、さらには1993年にはゴルフ場建設を巡る1億円の贈賄容疑で齊藤了英は逮捕（1995年に執行猶予付きの有罪判決）され、結局、「医師ガシェの肖像」は、1996年に齊藤了英が79歳で死去したことに伴い、棺桶に入れられることはなく、幸いにも、1997年にサザビーズにより売却されている。

　大昭和製紙は2001年に日本製紙と事業統合される等して事業再縮の末、現在の日本製紙に吸収されている。

　このように、バブル紳士達が収集した美術品は、バブルの崩壊とともに無秩序に市場に放出された結果、わが国での近代美術のオークション落札価格の水準は、永く、バブル崩壊直後である1990年当時の10分の1以下の低水準に止まっていると指摘されていて、欧米では世界的景気の波の影響は受けながらも、美術愛好家によって価格が維持されていることと好対照である。

　その背景に関して2019年4月に行われた文化庁のシンポジウム「芸術資産をいかに未来に継承発展させるか」における報告によると、アメリカでは非課税団体に、1年以上保有した5000ドルを超える価値の美術品を寄贈した場合、寄贈した時点の市場価格全額が所得控除、損金算入の対象となるという。故人が寄贈した場合も、寄贈した時点での市場価格が、相続税対象の総遺産総額から控除されるため、こうした制度に支えられ、19世紀以降、アメリカでは、美術館への寄贈が広がり、ニューヨークのメトロポリタン美術館のような大コレクションが形成されているという。

　また、イギリスやフランスでは寄贈作品の価値、寄付金額の一定割合が所得税、法人税などから控除され、相続税に関しては、美術品による物納が認められている。シンガポールでは、美術品の寄贈を促進するため、建国50周年の2015年に、国が価値を認めた美術品について市場価格の300％の所得控除を認めた。2016〜2018年は同250％を所得から控除した。

　こうした各国の寄付優遇制度の下において、個人のコレクションを「公共化」する流れができているという。

　国のお仕着せや、美術界の権威の推奨品は、必ずしも時代を超えて伝えられるべき美術品とはいえない。市民の優れた感性で収集された作品が「公共化」され、たくさんの鑑賞者の評価に支えられて初めて、伝世の美術品としての地位を確保していくのであるから、寄付優遇税制は、単に収集家に対する税優遇策ではなく、真の芸術品を次の世代に受け渡していくための優れた文化政策なのである。

🌸 **ひとこと**　貧乏も病気も恋も忍び、世に受け容れられることも望まず、美神アフロディーテが一切万有を遍照する生物を司る神であると信じて、ひたすら被写体に向かって、絵筆を走らせた彝が、その体力の限界を突き抜けて、キャンバスに写し取った被写体は、もはや永遠の命を与えられているようにみえる。

　特に、最晩年に彝が描いた人物像は、神々しいばかりの輝きを放っている。

　彝の人生は余りにも短く、また、その画業は、病のため余りにも制約の多いものであったが、世俗の中で苦労する我々とは異なり、彝の人生は芸術に魂を奪われ、命を美神に捧げることができた幸せなものであったと思えてくるのである。

第10話　棟方　志功

板の声を聴き板の命を彫り出した世界の棟方志功

　中村彝は当初後期印象派の影響を強く受け、特に、静物画や風景画においてはゴッホの影響を受けていたが、最晩年には独自の画境を拓くに至った。

　少年時代にゴッホの絵画に出会って感動し、「わだ（私）はゴッホになる」を口癖にしていた棟方志功もまた、全くの自己流で挑んでいた油絵の世界から、版画の世界に転身した後、独自の世界を切り開くことに成功し、自ら「板極道」と名乗るに至っている。

　その評価は、今日においても、日本国内より外国の方が高いようである。

　棟方志功は、1903（明治36）年9月5日刀鍛冶職人である父「幸吉」と母「さだ」の15人兄弟の三男として青森市大町に生まれたが、豪雪地帯出身のため、囲炉裏の煤で眼を病み、以来極度の近視となる。

　「幸吉」は終生 丁髷（ちょんまげ）を結ったような気質であったので、時流に乗って刃物職人から車輪職人へと転換することができず、また保証崩れによる債務も負担し、鬱屈した気分を紛らそうとして酒に飲まれたため、一家は極貧生活を送った。

　そして、「幸吉」が1910（明治43）年5月3日の青森大火により自宅とともに一度仕事場を失い、再建がなったものの、1913（大正2）年の凶作により製品が売れなくなって仕事から離れた後、1916（明治49）年、青森市長嶋尋常小学校を卒業した志功は、鍛冶職を継いだ次兄をしばらくの間手伝う。

　1920（大正9）年、17歳の時に青森地方裁判所弁護士控所の給仕となった志功は、最初水彩画、間もなく油絵を描き始め、やがて、1924（大正13）年、控所の弁護士の援助を得て、東京へ上京し、帝展や白日会展などに油絵を出品するようになるが、落選が続き、17歳で母さだを失っていた志功は22歳で父

幸吉も失う。

　1928(昭和3)年、第9回帝展に「雑園」(油絵)を出品して、入選したことから、故郷に錦を飾った志功は、赤城チヤと知り合い、1930(昭和5)年4月に婚姻するが、チヤは実家で、志功は東京での別居結婚が続く。

　志功は、同年にも30号の油絵の「荘園」が帝展で入賞し、翌1931(昭和6)年油絵「猫と少女」で白日会白日賞を受賞したが、チヤと共に二人の子どもを中野区沼袋の借家に迎えることができたのは1933(昭和8)年のことであった。

　志功は、油絵の世界で新人として認められるためには著名な画家との師弟関係がものを言うことを嫌い、他方、版画の世界に魅力を感じたこともあって、版画への転換を期するようになり、1932(昭和7)年版画「亀田・長谷川邸の裏庭」で国画会奨励賞を受賞し、1935(昭和10)年国画会会友となる。

　1936(昭和11)年、佐藤一英の詩「大和し美し」を読んで感動して製作した同名の作品を国画展に出品しようとした志功は、余りの大作であったことから、作品全体の搬入を拒否されて狼狽していたところに、工芸部の審査員であった濱田庄司が来合わせて、作品の迫力に心打たれ、審査員仲間の柳宗悦に連絡し、柳宗悦もこの作品に心打たれて、作品全体の展示が許され、この作品が出世作となった。

　ちなみに、この時、柳宗悦は、日本民芸館(前年5月に大原孫三郎から10万円の寄付を受けて着工していた)の収蔵作品として、当時版画の大家とされていた恩地孝四郎や平塚運一でさえ1点50円前後であったのを、「大和し美し」を200円(一説には50円、また他説には700円)で買い入れている。

　これを機に、志功は、柳宗悦、濱田庄司、河井寛次郎、あるいは水谷良一ら民芸運動に関わる人々と交流するようになり、以降の棟方芸術に多大な影響を及ぼすことになる。

　1938(昭和13)年「善知鳥(青森の旧地名)版画巻」が第2回文展で特選となり、1939(昭和14)年「釈迦十大弟子」を製作、翌年国画会展で「佐分賞」を受ける。

　1945(昭和20)年東京空襲で板木のほとんどを焼失するが、妻チヤによって、「釈迦十大弟子」の板木は残り、この年「鐘溪頌板画巻」(後、「鐘溪頌」)を製作、翌年日展で「岡田賞」を受賞。

　空襲直前、志功は、疎開のため富山県西礪波郡福光町(現南砺市)に移住。1954(昭和29)年まで在住した。志功はこの地の自然をこよなく愛し、多くの作品を残した。1946(昭和21)年、富山県福光町栄町に住居を建て、自宅の8畳間のアトリエを「鯉雨画斎」
_{りうがさい}と名付けた。また住居は谷崎潤一郎の命名によって「愛染苑」
_{あいぜんえん}と呼んだ。現在は栄町にあった住居を移築保存し、鯉雨画斎として一般公開している。

　1949(昭和24)年岡本かの子の詩による「女人観世音板画巻」を発表、1952(昭和27)年スイスのルガノ国際版画展で優秀賞を受ける。

　1951年(昭和26)年「美尼羅牟頌板壁画」(後、「運命頌」)、1953(昭和28)年「大蔵経板画柵」(後、「湧然する女者達々」)などを発表する。

　1955(昭和30)年ブラジルのサンパウロ・ビエンナーレ国際美術展に「釈迦十大弟子」、「湧然する女者達々」等を出品し、版画部門最高賞を受ける。

　1956(昭和31)年ヴェネツィア・ビエンナーレに「運命頌」や「湧然する女者達々」などを出品し、日本人として版画部門で初の国際版画大賞を受賞。

　1959(昭和34)年渡米、ニューヨーク等6都市で版画の講義・実演と個展を開催、ヨーロッパを回って帰国、「ホイットマン詩集抜粋の柵」、「ハドソン河自版像」等を製作。

　1960(昭和35)年眼疾進み、左目を失明するが、1961(昭和36)年京都嵯峨の法輪寺より法橋位、翌年同寺と富山県の真言密宗大本山日石寺より、それぞれ法眼位を受ける。

　1965(昭和40)年、セントルイスのワシントン大学で板画を講義、ダートマス大学で名誉文学博士号を受け、イタリア芸術院より名誉会員に推される。

　1969(昭和44)年、青森市から初代名誉市民賞を授与され、「大世界の柵・乾」を完成、大阪万国博日本民芸館に展示され、翌年には文化勲章を受章し、文化功労者に指定される。

1972(昭和47)年念願のインド旅行、「庵濃の柵」等を製作する。

1975(昭和50)年9月13日東京で肝臓癌のため永眠。享年72歳。青森市の三内霊園にゴッホの墓を模して作られた「静眠碑」と名付けられた墓がある。

以上、主として財団法人棟方板画館編『棟方志功の板業』1982年による。

貧しい鍛冶職人の子として生まれ、尋常小学校を出ただけの志功は、世界に認められた版画家となって生を終えたが、日本の美術界では、今日なおゲテモノ扱いされているきらいはないであろうか。

彼は、制作においても、普段の生活やさまざまな人との交流においても、天真爛漫に振る舞ったが、それを田舎者の卑屈な深慮遠謀によるものであるとして、その作為を嫌ったり、パフォーマンスが過ぎて芸術性に乏しいと批判する類である(関野準一郎『わが版画師たち——近代日本版画家伝』の内「棟方志功」(講談社出版研究所、1982年))。

まず指摘したいのは、志功の制作中の凄まじい集中力についてであるが、それは、志功が柳宗悦と知り合い、多量かつ迅速な作に見られる自然の勢いが工芸の美を生むという民芸理論に触れ、これまでの、日展に受賞できる作品を作ろうとしていた作為と決別したことに起因すると思われる。

志功が、何かに触発されることによって頭の中に沸き上がり、たちまち広がっていく構想のままに、板を刻んでいくうち、トランス状態となり、自然に作品が出来上がるという経験を重ねる中で養われたものであろうと、私は考える。

また、志功は、サービス精神が旺盛で、交流の幅も広かったが、私は、彼が人との交流において、彼此の地位や貧富の差や、さらには国籍等の故に、相手を見下げる態度を示したことが決してなかったこととともに、わが国の画壇でいかに低くみられ、またどのような批判が加えられても、志功が自らの作品を擁護するために、批評家や有名画家、あるいは自分の支援者に対して論争を挑んだり、批判したことのないことも併せて指摘しておきたいのである。

　これは、志功が完全に自立しており、それ故に、偉ぶったり、他人の批判に反撃する必要がなかったことを意味するのではなかろうか。

　多くの日本人が持つ「他人に心を許すことが苦手であり、自分の優越性を常に感じていたいがために、その確信を揺るがそうとする他人に対しては、つい攻撃を加える」という通弊を、志功は全く備えていなかったのである。

　長部日出雄『棟方志功伝　鬼が来た（上・下）』（文藝春秋、1979年）によると、制作のために志功が最晩年に訪れたインド旅行で泊まったホテルの従業員に取材したところ、「大きな奥さんと一緒に来た、頭の禿げた、眼鏡をかけた、有名な画家」として志功を記憶しており、「かれは、とてもよい人で、とても親切だった」、「かれは、とてもインテリジェントだった」と語ったという。彼の描く動物や、彼の選ぶテーマを見ても、弱きものを含めてあらゆるものを慈しむ視線が感じられる。

　彼は、米国、イタリアその他の国々でも同様の交流を繰り広げているし、彼が死去した翌年、いち早くパリ、ブリュッセル、ヘーレンで回顧展が開かれたことにも、彼の人格が、外国では、「世界的な芸術家」、「知性のある人」として、何ら違和感もなく受け入れられていることを示している。

　ところで、棟方志功の板業の魅力はどこから来るのであろうか。

　彼の板画の画面には、故郷青森の、太く黒い線で武者絵等が描かれる凧や、ネブタの伝統が取り入れられている。それが日本人にはそれぞれの故郷の祭りを想起させるとともに、外国人には、まずエキゾチックな魅力を感じさせるのであろう。

　そのうえで、本州最北端でかつて蝦夷が追い詰められた地、後の世でも食い詰めた人たちが辿り着いた場所、苦労を強いられた農業に適しない田畑、海洋民として進出した海、そうした青森の地理的な特殊性が、今日の青森県人をして、なおネブタ祭りに熱狂させているともいわれるが、この地が持つ歴史が放っている熱が、志功の板画に充満する明るさやエネルギーの元になっているのであろう。

　その一方で、画面の中に賑やかに描かれている沢山の対象の背後には、案

外静謐な空気や暗さまでもが感じられると私は思う（木村正俊『棟方志功の世界　日本美の原点』（都の森出版社、1972年）も同旨）。それもまた、明治時代に青森港が開かれるまでの青森の虐げられた歴史が生む空気によるものではなかろうか。

　また、志功は、ベートーベンの交響曲第9番の第4楽章「歓喜」を好み、彫刻刀を走らせながら歌い出すこともあったが、前述のトランス状態で歌っていた場合もあろうし、同時に偏屈な鍛冶職人であった父やそれに耐えた母の生活や、自らの多感な少年時代の思い出を瞼の裏に甦らせていたこともあったろうと思われる。

　ところで、棟方志功は、少年時代、故郷で自分を受け入れてくれていたいくつかの家庭の幼い女児らに対して、ほのかな恋心を感じていたことがあり、それが遠因だと思われるのであるが、志功には、女性崇拝癖と賛美癖があり、それは彼の画面に独特のエロチシズムを漂わせている。彼の画業が我国で広く知られるようになったのは、谷崎潤一郎の『鍵』や『瘋癲老人日記』の挿絵版画をきっかけとするが、画題と小説の内容に比し、彼のエロチシズムには不健康な匂いがなくて、アッケラカンとした明るさが漂っている。

　さて、棟方志功は、さまざまな情報や刺激に触発されて、画面の構想を膨らませ、一気に作品を刻んでいるが、河井寛次郎や水谷良一らから仏教の教えを聞いて感激し、「空海頌」、「観音経版画巻」、「釈迦十大弟子」を彫り、さらには「大蔵経板画柵」（湧然する女者達々）まで彫ろうと挑戦したり、能に想を得て「善知鳥」を刻んだほか、佐藤一英の詩を「大和し美わし」に、岡本かの子の詩を「女人観世音板画巻」に刻んだのを始めとして、内外の詩や、俳句、和歌、小説等沢山な文芸作品の板画化にも挑戦しており、外国旅行の経験も板画に残している等、テーマの多様性もまた、彼の魅力の一つである。

　また、志功は、板画だけではなく、自ら倭画と称した日本画や、油絵、書等も残しており、そうした作品分野の多様性もまた、沢山のファンを集めている理由の一つであろう。

　なお、1959年に渡米した際に、志功は、ニューヨークの近代美術館で当時

陳列されていたピカソの「ゲルニカ」を見て、黒色を基調とした怒りと悲しみの表現に深く感動しており、私には、その影響が、1967年に志功が制作した「手に負う者達々」その他の作品に現れているように思われ，柔軟かつ貪欲に、いろいろな美を吸収して自家籠薬中のものにしてしまう柔軟性も志功の魅力の一つである。

　そして、さまざまな体験によって育まれた志功の豊かな感情が、その画面一杯に、混然一体となって表現されることによって、そこに高い精神性が宿されたように私には感じられる。

　もっとも、1963年60歳で「恐山の柵」を招霊の力作の最後として、その後の晩年の10年間の作品は、「画題のくり返しが観念化した人形的な弱さをもたらし、本来もっていたアルカイックな生命力の奔出感を失ってゆきます」という指摘があり（海上雅臣『棟方志功　美術と人生』（毎日新聞社、1976年)）、私もその指摘に反対するものではないが、晩年の作品群は、倭画の女性はより洗練され、板画も裏彩色の多用などで画面がより明るく、華麗になってきている他、小品が多く、より親しみやすいものとなっていることから、それはそれで多くのファンが好んで求め、愛蔵してきたように私には思える。

　ともあれ、志功だけしか彫ることができない独特の板業が完成されているのであり、ただ単に風景や美人を刻んだり、描くだけの版画や絵画とは質を全く異にしており、その点を、かねて日本の美術に対して、「印象に残るものはない」と語っている外国の美術評論家や画家が、正当に評価するのである。

　草野心平の詩「わだばゴッホになる」の中の一節に歌われたように、

　　「ゴツホになろうとして上京した貧乏青年はしかし。

　　ゴツホにならずに。

　　世界の。

　　Munakataになった。」

のである。

　棟方志功の作品については、前記日本アートセンター編『棟方志功』のほ

か、棟方板画館・朝日新聞社編『棟方志功展』(朝日新聞東京本社企画部、1976年)、別冊太陽『棟方志功』(平凡社、1974年)、尾山章ほか監修『富山福光疎開時代 棟方志功作品集』(東方出版、2004年)、NHK京都放送局外編集発行『河井寛次郎と棟方志功展』(1999年)参照。

ひとこと 志功は、世界に通用する「板画」を世に送り出した、天真爛漫とも、独立自尊とも言うべき版画家である。

民芸運動の推進者達から愛されながら、虐げられた辺境の生地のねぶたに込められた熱を、板から凄まじい集中力で彫り出した大作の数々は、多くの人の魂を鷲掴みする。

志功は、使い手の便宜を第一に考えながら、多作された日用雑器にこそ、むしろ美神が微笑んでいるとする民芸運動の申し子であり、その精神の卓越した実践家でもあった。

志功の魅力は、その芸術性にだけあるのではなく、真のインテリジェンスと、天真爛漫なサービス精神にもあることも忘れてはならないと私は思う。

第11話　谷中　安規

デカダンスな日々を生きた愛と幻想の版画家

　棟方志功が、版画に挑戦し始め、雑誌記者の料治熊太が1930年に創刊していた版画雑誌「白と黒」に志功の作品が掲載されるようになった頃から、その誌上で彼と切磋琢磨し、「二人の天才」と評されるようになった相手が谷中安規であった。

　谷中安規は、1897（明治30）年１月18日、長谷寺の門前町でもある奈良県磯城郡初瀬町（現桜井市初瀬）で、染色工場も経営していた「伊賀屋」の屋号を持つ庄屋の家系の父「福松」と母の「登和」（一説には光和）の１男２女の長男として出生したが、1903年に実母と死に別れ、1904年家屋敷や京都の工場を人手に譲った福松と、内縁の妻（やがて後妻）テルとともに朝鮮に渡ることになり、父は、京城明治町で洋品雑貨店「大和屋」を開業する。

　安規は、1910年頃京城鐘路公主尋常高等小学校を卒業したが、テルとの折り合いが悪く、家業に身を入れることもできず、1915年単身上京し、東京護国寺にある真言宗豊山派附属豊山中学校に入学、やがて短歌に興味を抱き、文芸雑誌や新聞に投稿、1917年北原白秋が編集して刊行された「木馬集」には16首収録されたが、1917年頃からグロテスクな絵画に興味を持つようになる。

　1918年テルの死去により仕送りが止まり、豊山中学校を退学、学校の世話で木更津の正福寺で小僧生活を始めるが、グロテスクな絵の落書きを嫌われて寺を追われる。

　1921年中学の同窓生の榎本憲阿を頼って、武蔵野台地の北東端飛鳥山の不動堂・本智院で雑務をしながら寄食するが、榎本との間が気づまりとなると、知人宅を泊まり歩いたり、一時梅原龍三郎の玄関番のようなことをしたりと、

気ままな生活を続ける。

　やがて、永瀬義郎著の『版画を作る人へ』(日本美術学院、1922年)という入門書と巡り合い、徒弟制度が確立している日本画や、基本の素描の技術を磨くため洋画研究所での勉強が必要とされた洋画と比べると、版画の世界なら徒手空拳の自分にも向いているのではないかと考えるようになり、傘の柄を研いで彫刻刀代わりにして、独学で制作を始めたといわれる。

　そして、彼が奇怪な絵を描き始めるのは、ドイツ表現主義の映画「カリガリ博士」の影響によるものであり、しばしば彼が踊り、周りを気味悪がらせた即興的ダンスも、表現主義の影響を受けたものであるといわれている(中沢弥「谷中安規と都市のゴースト」渋谷区立松涛美術館編集発行『谷中安規の夢』(2004年))。

　映画「カリガリ博士」のストーリーは、カリガリという名の見世物師が、夢遊病者チューザレを使って連続殺人事件を起こすというものであり、わが国でも1921年に封切られていて、この映画にいち早く感想を寄せたのが谷崎潤一郎であり、佐藤春夫であった。

　西洋の浪漫主義の後期である1920年頃に最盛期を迎えたドイツ表現主義の特徴は、内面的、感情的、精神的なものなど「目に見えない」ものを主観的に強調する様式であり、舞踊、絵画、彫刻、映画等さまざまなジャンルで発展をみ、日本を含む世界各地の前衛芸術に影響を与え、現代芸術の先駆となったといわれている。

　陳腐な「進歩」への拒絶と、そうした生き方への誇りの象徴として、「デカダンス」という言葉が用いられた。

　1924年父福松から呼ばれて京城に戻る際、安規は、日夏耿之介の紹介で永瀬と会い、それまでに書き溜めた「シャムあたりにある寺の壁の彫刻のような人物の頭の中から手足が出ていたり、胴のあたりから頭が出ていたりしている」奇怪な絵画を預けている。

　永瀬は、悪魔的な鋭さを持つ白黒のペン画で鬼才とうたわれ、病弱ゆえに25歳で死去したヴィクトリア朝の世紀末美術を代表するオーブリー・ヴィン

セント・ビアズリーを、日夏らとともにわが国に紹介した版画家でもある。彼は、安規の絵のデカダニズムには深さがないとしながらも、「グロテスクとエロチシズムは自分と通ずる」と評価し、以後、安規の画業を支える。

　京城に戻った安規は、版画の修行に励むが、1925年父福松から「大和屋」の支店の経営を命じられて拒否、1926年勘当同然で帰国する。

　そして、安規は、千葉市原の龍善院の住職となっていた岡本憲阿を頼って居候するようになり、やがて、岡本の妹に思いを寄せるようになるが、食事代わりに、ニンニクや生米を齧り、服は着たきり、夜には一人で踊り出すような奇行、奇癖が故に、拒否されたばかりか、恐怖心まで抱かれて、結局龍善院を去ることになる。その後、知人宅を泊まり歩いた挙句、浅草泪橋の木賃宿「勉強屋」にいったん落ち着くが、宿賃のないときには、やはり知人宅に押しかけている。

　1927年創作版画協会展に出品するようになったのがきっかけで、安規は、田中運一等の版画家仲間や小説家、私人等に知己が広がり、その作風は大きく変わっていく。

　田中運一は、安規について、「衒ったところがちっともなく、天真爛漫な作品で、童話と夢、空想、現実を自由自在に駆け回っている」と絶賛する。

　安規は、佐藤春夫が「クラク」に連載した小説「好球傳」に挿絵を入れ、次いで、田中貢太郎の『日本怪談全集』等の装丁もすることにもなる。

　1931年に、日本版画協会の結成に参加し、1936年、挿絵倶楽部（後の日本挿絵画家協会）が結成されるとその会員に推薦される。

　1930年に、料治熊太が発行する版画誌「白と黒」の同人となり、同誌と料治が1932年頃に創刊した「版芸術」とに、その頃から作品を掲載するようになり、内田百閒から、1933年『王様の背中』の挿絵を、1934年『続百鬼園随筆』の口絵を依頼され、その後も緊密な関係を保ち、内田百閒が同年雑誌に投稿した「風船画伯」と題する一文から、安規の綽名が広がる。

　こうして、次第に仕事も増え、1937年百閒の新聞連載小説『居候匆々』では、その挿絵を担当し、毎回５円もの画料を得た（当時の彼の生活費は月10円

にも満たなかった)が、タクシーでのドライブを楽しんだり、普段食べたことのない洋食を食べる等して、連載継続のための作品を作り続ける神経のイライラの解消に費消してしまい、新聞社の倒産により連載中止となったこともあり、彼の経済生活が好転することはなかった。

その頃の安規について後輩の版画家は、「青白い顔の小さい体をボロ着物に包み、荒縄を帯代わりにしめ、チビた草履をはき、(中略)ペタペタ歩いていたのは気の毒であった」と書いている(関野準一郎「谷中安規」『わが版画師たち――近代日本版画家伝』(講談社、1982年))。

1937年それまで8年間暮らした下宿を出ることになり、翌年駒込駅近くの女性の多いアパート「本山ハウス」に居を構え、1938年からは雑誌「新日本」や「新風土」に、1939年からは雑誌「野火」にカットを掲載するようになる。

その頃の彼の詩「冬吟」を紹介する(『鍛冶』第5巻第3号(1941年)、渋谷区立松濤美術館編集発行『谷中安規の夢』(2003年)より引用した)。

うつくしきみのりは晩きものなるをなにとて人のまてしばしなき
あしたにはデエモンを祀り夕べには神ををろがむ到彼岸びと
花咲かせ忽ちみのる実のうまさ食みつぎゆかむとわが欲しけり
鋳掛屋とこの画かき屋と同室の夜ごとのむねりさきくあれこそ
富貴なる人とまじはり夕べにはせぐくまり寝る落魄の宿
昨日の非を今日の是としてももちたび鳥滸なることをわがくりかへす
今日よりはまたしばらくを水の酒涼しきよひをわがあがなはむ
さながらにお伽ばなしの旅のごとき一生をおくるわれを描かむ

太平洋戦争は、ガナルカナル島の奪回に失敗して、撤退を余儀なくされた1943年頃以降、わが国が敗戦への一途を辿るようになり、国内の生活への影響も甚大で、出版物の用紙割当ての減配が実施されるようになり、谷中安規も、1944年4月以降仕事をした形跡がない。

1943年頃から健康を害していたともいわれるが、もちろん蓄えとてなかった安規は、食料や物資の配給も減る中で、1945年4月13日の空襲で焼け出さ

れ、最初本山ハウス近くの防空壕で雨露を凌ぎ、やがて付近の高台に小さな
バラックを作って、移り住み、空地で育てた野菜やカボチャで飢えを満たそ
うとした。

　百閒が自分の安否を気遣っていることを新聞で知り、百閒宅を訪問したの
が1946年2月のことで、消息を知った友人、知人の援助を得、世話を焼く人
があって生活保護を受給するようにもなったが、極度の栄養失調により次第
に衰弱し、その7カ月後、誰にも看取られることなく息を引き取った。死ん
でいるのを発見されたのは同年9月9日朝、享年49歳であった。

　「白と黒」の代表的版画家である棟方志功と田中安規、前者は、土着性を
むき出しにした大作に挑んだが、6歳年上の安規は幻想的な小品が持ち味で
あった。

　安規の版画には独特の心象風景が描かれており、それは、6歳時に、夫の
放蕩、浮気に悩みぬいた母親と死に別れ、すぐ家に入った後妻とは馴染めず、
京城に渡った後も蔵の中に一人籠って過ごすことが多かったといわれる、孤
独な時間の中で芽生えたものであろう。

　しかし、次第に世間に認められるようになった1930年前後頃から、安規の
画風から初期の奇怪さが消え、孤独感や寂しい心象風景は相変わらず画面に
漂っているものの、熟成された造形が次第に形を整え始め、さまざまなモチ
ーフによる幻想的な作品や、都会の情景を影絵のようにとらえた作品が彫ら
れるようになる。

　そうしたモチーフの中には、郷里長谷寺周辺の昔話や朝鮮の伝説から採ら
れたと思われる、蛇、龍、虎、あるいは仏教的なものや神道的なものまでが
ある（及川智早「谷中安規における神話的想像力」前掲『谷中安規の夢』より）。

　ところで、連載小説のための挿絵は、本来、掲載される一節の一部を表す
に止め、話の細部を説明し尽くさない、また、余計な話を付け加えないのが
鉄則とされるが、安規の挿絵には、小説の範囲を乗り越え、自由に羽ばたい
ている面白さがある。

　内田百閒の『居候匆々』の挿絵などは、ドイツ語の教授の家の書生物語で
あるが、安規は書生をその綽名の「たぬき」として描き、動物たちによる愉
快な話に作り替えているのであり、安規が安規なら、彼を愛した内田百閒や
佐藤春夫らも磊落不羈な人達であり、こうした安規と小説家との呼吸が私
達を楽しませてくれる。

　つぎに、安規が死の1月ほど前に書いた手紙の一部を紹介するが、彼は死
の直前にあっても生死を超越していたことに驚きを感じるとともに、その独
立自尊の精神の強靭さに圧倒される思いがする。なお、手紙の宛先は、1946
年8月に台湾から引き揚げ、安規に対して、自著『西遊記』に掲載する装丁
挿絵を依頼した元台湾日日新報記者西川満であった(吉田和正『かぼちゃと風
船画伯』(読売新聞社、1998年))。

　「私がどう言ふ生活をしているかに一驚きっしていたゞくのも後来話の種
と存じマス。御光来の程お願ひ申し上げます。かつ又生きた幽レイさんの形
容枯悴はなはだしく、戦災者の好標本のやうななりかたち、じゅんぼちゃん
に見せるにしのびない。

　いづれおかぼちゃさまの全盛とともに、私の身体の異常は快ゆすることは
昨年と同様でアルことが、身体の調子でわかります。

　アンデルセン先生の童ワ国にゐる、このマカ不思ギな世界だナアとのこの
驚タンは日進月歩やむ時ハアリマセン

　御貴台の御本、おまかせ下さるとはなんたる至幸ぞ、身をあげて打ちこん
で見ます」。

　この落ち着きは、自らの生の終焉を予知できなかったことによるのではな
く、安規が死を予知しながら、高名な僧すら到達し難い悟りの境地に到達し
ていたことを物語るように思えるのであり、それは、一見奇怪であるが、自
らの感性を余すところなく露出する版画作品を創作しているという自信と喜
びとによって支えられていたのではなかろうか。

　彼は終戦の翌年1946年9月9日朝近所の人によって死を確認された。

　奇怪な作品とこの悟りとの不思議なアンバランスが、私を魅せるのである。

> **ひとこと**　理性偏重、合理主義などに対し、感受性や主観に重き
> をおいた運動を導いたボードレールに代表される浪漫主義の後期に、
> 「デカダンス」という言葉が、陳腐な「進歩」への拒絶と、そうした生
> き方に対する誇りの象徴として用いられたが、わが国でこの言葉が最も
> 合致するのが、谷中安規であろう。
>
> 　安規の人生は、家族にも友人らにも、また、彼がほのかに恋慕した女
> 性からも煩わされず、ただひたすら、思うがままに生き、そして、死を
> 超越していたかのような最期を迎えている。
>
> 　安規の版画は、一見奇怪ではあるが、ユーモアと静謐とが同居してお
> り、私達は、その独特の精神世界に安らぎさと懐かしささえ覚えるので
> ある。

第12話　村山　槐多

短い人生を情熱的に駆け抜けた絵画と詩の天才

　田中安規と同時代に生き、洋画家としても知られる版画家であり、民衆芸術運動のなかに身を投じたのが山本鼎であるが、彼を従兄弟に持つのが村山槐太である。彼は、1896（明治29）年9月15日尋常高等小学校の訓導であった父「谷助」と母「たま」の長男として生まれた。

　槐多の出生地は、永く神奈川県横浜市内とされてきたが、近年、母親の出生地である愛知県岡崎町であったことが明らかとなっている。母親が結婚前に森鴎外家で女中奉公をし、父親が森鴎外の書生をしていた縁で、二人は結婚し、鴎外が槐多少年の名付け親になっている。

　1897（明治30）7月、谷助は尋常中学校地誌科免許を取得し、高知県土佐郡小高坂村（現在の高知市中心部の一角）に赴任、間もなく母子も土佐に向かう。同年谷助は尋常師範学校地誌科教員免許を取得して、高知県尋常師範学校（現在の高知大学教育学部）教諭を拝命、1900（明治33）年5月、父谷助は京都府立第一中学校に地誌科教員となり、一家揃って京都市上京区寺町通荒神口に転居する。

　1903（明治36）年3月、槐多は、銅駝保育所（現・京都市立銅駝幼稚園）を卒業、同年4月1日京都市立春日小学校に入学するが、間もなく、京都府師範学校附属小学校（現・京都教育大学附属京都小中学校）に転校、小学校5年生時にクラス担任教師山下某の放任主義的な教育が槐多に強い影響を与え、内面性の一転機を迎えたといわれる。

　1909（明治42）年3月卒業。翌4月1日京都府立第一中学校（現・京都府立洛北高等学校・附属中学校）へ進学。1910（明治43）年7月、従兄弟の山本鼎が村山家を訪問、槐多は、油絵道具一式を貰い、絵の道に進むよう勧められるとと

もに、1911年中学校3年生時には、山本鼎が発行していた雑誌「方寸」を模して、学友と共に、回覧雑誌を次々と発行するなど、次第に文学や美術を志すようになった。

その頃、父谷助は教職を退き、一家は京都市上京区今出川通寺町に住んでいて、母たまがその1階で小間物屋を営む。

1912年山本鼎が渡仏するが、槐多は、デッサン、水彩画、版画、ポスター等の作品を頻繁に鼎に送り、それが小杉未醒（後の放庵）の目に触れる。

槐多は、その頃同性の1級下の美少年に恋をし、それに気づいた親友に「人を好きになるのに男女の区別なんてないよ。美しいものは美しんだぜ」と語り、「かの君の笑み給ふ声、館の中に燈と共に溢れたりき」と歌っている。

1914（大正3）年3月31日京都府立第一中学校を卒業、父谷助の了解を得て、画家の道に進むことになり、山本鼎が住んでいた信州を訪れた後、同年6月上京する。

信州から東京に向かう時の詩「過ぎし日に」の冒頭部分を引用する（以下、詩の引用は、山本太郎編『村山槐多全集』（彌生書房、1963年）による）。

第12話

　「ああわれ過ぎし日に辞せん
　「さよなら」と叫ばん
　われは立つ過去の山頂に
　われかけらん天空を
　今日よりはかけらん
　大蛇と闘へる大鷲の如くにとばん」

上京後の寄宿先を引き受けてくれていた小杉未醒を訪ね、用意された離れで画家水木伸一と共同生活を始め、日本美術院の研究生にもなる。10月小杉邸で描いた「庭園の少女」を第1回二科展に出品し、人生初の入選を果たしているが、その頃、槐多は水木を訪ねて来た画家志望のYに惹かれ、間もなく去られたが、「尿する裸僧」のモチーフを得る（窪島誠一郎『鼎と槐多』（信濃毎日新聞社、1999年））。

　1915（大正4）年10月日本美術院再興第2回展覧会で「カンナと少女」が院賞を受賞。

　1916（大正5）年頃、今度は、モデルの「お玉さん」を熱愛し、彼女の住所の近くの下宿に転居するが、槐多の恋が成就することはなかった。

　その後、下宿を引き払って、徴兵検査を受けるために郷里の岡崎に向かい、丙種合格の後、大島を訪れ、失恋の傷跡を癒してから上京、住所を転居しながら、画業に励む。

　しかし、次第に酒量が増え酒乱の様子を見せ始め、放浪、深酒に加え、不眠、奇行と、その生活はデカダンに満ちたものとなっていく。

　1917（大正6）年9月第4回日本美術院展覧会で「乞食と女」が院賞を受賞。その頃から、槐多は以前の下宿のおかみさんの「おとくさん」に恋して、モナリザと呼び、当時働いていた焼絵工場の稼ぎを捧げたり、一緒に酒を飲むなどの時間を過ごすこともあったが、所詮は片思いに終わっている。次に掲げるのはおとくさんに捧げた詩「ある四十女に」の一部である。

　「美しいそなたの額は
　　過去の宴楽につかれて老い
　　その色は真珠の如く曇る
　　美しいそなたが心は打ちしをれて泣き濡る
　　あはれなるあはれなる女よ
　　われはそなたを愛す
　　突風の古びし薔薇の木を傾くる如く」

　槐多は、1918（大正7）年3月、第4回日本美術院試作展覧会に「樹木」、「自画像」、「九十九里の浜」、「男の習作」他2点を出品し、奨励賞を受賞。

　同年4月頃突然結核性肺炎に襲われ、一時治癒するも、同年6月再発し、牛込区神楽町の両親の下に帰る。同年10月旅先の小湊で大量に喀血、瀕死の状態に陥り、現地の東條病院に運び込まれ、一命を取り止める。

　「神よ、神よ
　　この夜を平安にすごさしめたまへ

　われをしてこのまま

　この碗のままこの心のまま

　この夜を越させてください。

　あす一日このままに置いて下さい。

　　描きかけの畫をあすもつづれることの出来ますやうに」

　この頃の詩「いのり」である（窪島誠一郎編『村山槐多詩集』（書肆林檎屋、2019年））。

　翌11月実業家清水賞太郎から月額30円の奨学金が得られることになり、豊多摩郡代々幡町に一軒家を借り、「鐘下山房」と名付ける。

　1919（大正8）年2月1日、第5回日本美術院試作展覧会に「松と榎」、「雪の次の日」、「松の群」、「自画像」、「松と家」、「大島風景」、「某侯爵邸遠望」、「代々木の一部」を出品し、美術院賞乙賞を受賞。

　2月14日、風邪をこじらせて流行性感冒（スペイン風邪）となり、肋膜も悪化、19日発作的に外に飛び出し、翌20日畑の中に倒れているのを発見された槐多は、失恋した女性の名などしきりにうわごとを言っていたが、午前2時30分に流行性感冒による結核性肺炎で息を引き取った。没年22歳。戒名は清光院浄誉槐多居士。

　以上は、主として山崎省三他編『槐多の歌へる』（1920年、アルス社）、前掲山本太郎編『村山槐多全集』による。

　槐多は、夭折した画家としては比較的多くの作品を残している。

　彩色しない木炭画による裸婦像などには卓越したデッサン力を示すものがあるけれども、その技巧をあえて画面に表さず、原色を多用して、けばけばしいとさえいえる筆致で描かれた絵画が彼の特徴であるといわれている。

　合掌しながら地べたに置いた托鉢の器に向けて立ち小便をする全裸の僧をガランス（深い茜色）を主調として描いた「尿する裸僧」は、見る者に異様な情熱を感じさせる最も槐多らしい作品として知られている。

　槐多は、「庭園の少女」、「バラの少女」、「湖水と女」など、よく女性を描

いたが、「朱の風景」、「信州風景」、「松の群」などのように自然の風景も好んで描いた。

　ところで、詩人草野心平が『村山槐多』（日動出版、1976年）を著したように、槐多は、多くの詩人、小説家、画家から愛されており、彼らは、槐多の文芸作品にも強く心惹かれているようである。

　槐多の生前、交流があった高村光太郎が1935（昭和10）年に作った追悼詩「村山槐多」の一部を紹介する。

　　「いつでも一ぱい汗をかいてゐる肉塊槐多

　　　五臓六腑に脳細胞を偏在させた槐多

　　　強くて悲しい火だるま槐多」

　山本鼎の義父となった北原白秋も、追悼詩「孔雀の尾の様なまつ毛」を作っているのでその一部を引用する。

　　「赤い笛をば吹きならし

　　　この春越しにうたひませう

　　　そなたの顔の綺麗さを

　　　夢の戦を続けませう（中略）

　　　瞳の色の橙の様な

　　　青い孔雀の紋のよな

　　　そなたの眼にも毒があろ」

　江戸川乱歩は、槐多の探偵小説を激賞したばかりか、「二少年図」を遂に入手しているし、有島武郎が「カンナと少女」を買い上げた100円で槐多の墓が建立されている。

　1920（大正9）年、槐多の遺稿を山崎省三が中心となって纏めた前掲『槐多の歌へる』が出版されたが、有島武郎は次のようなエッセイを残し、多くの芸術家に愛された槐多の魅力を説明している。

　　「少しばかりのエネルギーを、火を、使いへらさない為に、小さな牢獄に閉じこもつて、完全であり得た人はないではなかつた。凡てを焼尽くしてもなお悔いないまでに、自己を延ばし延ばした槐多の如きは、わが芸術界に於

いては稀有なことだといえると思う。あれだけの生得の良心と、あれだけの大胆な冒険力とを兼ね備えた人は珍しい。彼は彼自身に於いて完全に新しい生活の型を創立した。『槐多の歌へる』はその記念碑的宮殿である」。

1921(大正10)年、『槐多の歌へる其の後』と『槐多画集』(アルス社)とが出版されていたが、2018(平成30)年秋、約100年間行方不明になっていた木炭画「信州風景」2枚が京都市内で見つかり、2019(平成31)年3月27日閉館を決めた信濃デッサン館館長・窪島誠一郎が館蔵品357点を「信濃デッサン館コレクション」として長野県に寄贈したが、その中には村山槐多の作品多数が含まれている。

ちなみに、信濃デッサン館コレクションは、2021(令和3)年、改装開館予定の「長野県信濃美術館」に収蔵・展示される予定である。

さらに、2019(平成31)年4月24日、油彩画やパステル画など未公開作品計128点が京都府立第一中学校時代の同級生や先生の家から見つかり、おかざき世界子ども美術博物館で同年6月1日から開催された没後百年記念展覧会で初公開された。

その展覧会に合わせて、143点もの新発見作品を含む総数477点の絵画作品を掲載し、巻末には、槐多の詩、小説、短歌、書簡、日記なども一挙掲載した村松和明『村山槐多全作品集』(求龍堂、2019年)が刊行されている。

槐多の絵を収集した窪島誠一郎は、「その画面にこめられているムキ出しの自我と主張に抵抗をおぼえる人もいるかもしれない。またある人は、槐多の絵や詩の中には鑑賞者の心をなごませるいわゆる「美神の微笑」がないではないかというかもしれない」と指摘する(窪島誠一郎「わが青春、わが槐多」日本アート・センター編『村山槐多』(新潮社、1997年)より)。

しかし、そうした感情の露出を押さえようとしない槐多の乱暴さが、かえって、芸術家たちの琴線に触れるのではないかと私は考える。

『火だるま槐多』(春秋社、1996年)を著した荒浪力も、巻末の説明の中で次の記述を残している。

「村山槐多。個人主義と、デカダンスの最も似合う詩人・画家。けれども、

　もっと大きな視点でこの時代を眺めてみると、大正時代そのものが今まででき上っていた価値観を打ち砕く、熱気あふれるデカダンスと個人主義の時代ではなかったろうか。これらの最も似合う槐多は、まぎれもない大正という時代が生み育てた時代の子であったのである。近代日本の青春時代、大勢の先駆者たちがさまざまな分野で、果敢に時代に挑戦して行った。与謝野晶子、高村光太郎、高村智恵子、大杉栄、伊藤野枝、荒畑寒村……。

　わが槐多も、まぎれなく、そんな時代が生んだ先駆者の一人だったのである」。

　デカダンは、古典主義や教条主義がしばしば無視した個人の根本的独自性の重視、自我の欲求による実存的不安を基礎とする、ロマン主義を源流とする概念であるとされていて、それまで抑圧されてきた個人の感情、憂鬱、不安、動揺、苦悩、個人的な愛情などを大きく扱い、この特性および主張が、芸術を道徳やキリスト教的倫理から解放したといわれている。

　その意味では、ガランス（深い茜色、やや沈んだ赤色）による退廃的・破滅的雰囲気を纏いながらも生命力みなぎる裸僧と、その股間から迸（ほとばし）る太い尿が描かれた「尿する裸僧」は、デカダンそのものである。

　ガランスの線を多用して描かれた絵は、画家自身のしる情念や不安を反映していて、見る者の心に強烈な印象と大きな動揺を与えるのであり、それは、私達のような鑑賞者が、毎日の生活の中で自我を自ら押さえ付けていることに気づかされることによってもたらされるのかも知れない。

　他方、自らの心の中の激しい情念や不安を作品として紡いでいかなければならない多くの芸術家達が槐多の絵を好んだのは、既成概念を打ち破るこの自由奔放な線の勢いと、その背後に潜む感情の激しさに魅了されたためではなかろうか。

　最後に槐多の詩「宮殿指示」の一部分を紹介しておきたい。

　　「走る走る走る

　　　黄金の小僧ただ一人

　　　入日の中を走る、走る走る

ぴかぴかとくらくらと

入日の中へとぶ様に走る走る

走れ小僧

金の小僧

走る走る走る

走れ金の小僧」

> **ひとこと** ボードレールやランボーの作品に10代から傾倒し、デカダンな生活の末に、スペイン風邪を拗らせて、結核性肋膜炎により22歳で死去した槐多が残した人物像は、画家自身のほとばしる情念や不安に満ちており、一度見れば忘れられない強烈な印象を人々に与える。
>
> 「われかけらん天空を
>
>   今日よりはかけらん
>
>   大蛇と闘へる大鷲の如くにとばん」
>
> 自ら作った詩の通りに、情熱的に天空高く羽ばたいた人生は、多くの作家、画家らに対して強い衝撃を与え、深い共感を得ている。

アンケートご協力のお願い 📠FAX 03-5798-7258

購入した書籍名	弁護士の本棚 梅檀

● 弊社のホームページをご覧になったことはありますか。

・よく見る　　　・ときどき見る　　　・ほとんど見ない　　　・見たことがない

● 本書をどのようにご購入されましたか。

・書店（書店名　　　　　　　　）　　　・直接弊社から
・インターネット書店（書店名　　　　　　　　）　　　・その他（　　　　　　　　）
・贈呈

● 本書の満足度をお聞かせください。

（　0　　1　　2　　3　　4　　5　　6　　7　　8　　9　　10　）

● 上記のように評価された理由をご自由にお書きください。

● 本書を友人・知人に薦める可能性がどのくらいありますか？

（　0　　1　　2　　3　　4　　5　　6　　7　　8　　9　　10　）

●本書に対するご意見や、出版してほしい企画等をお聞かせください。

■ご協力ありがとうございました。

住 所 （〒　　　　　）

フリガナ
氏　名
（担当者名）　　　　　　　　　　　　　　　　　　　　TEL.（　　　　）　　　　　　内
　　　　　　　　　　　　　　　　　　　　　　　　　　FAX.（　　　　）

Email：

お得な情報が満載のメルマガ（新刊案内）をご希望の方はこちらにご記入、もしくは表面のQRコードにアクセスしてください。
（メルマガ希望の方のみ）

注文申込書

ご注文はFAXまたはホームページにて受付けております

FAX 03-5798-7258

http://www.minjiho.com

本申込書で送料無料になります

※弊社へ直接お申込みの場合にのみ有効です。

※ホームページから直接ご注文する際は、下記の
クーポンコードをご入力ください。送料が
無料になります。

クーポンコード minjiho2020
有効期限 2021年3月31日まで
（新刊案内2012）

お申込日		
令和　　年　　月　　日		

書籍名

市民と法【年間購読】年6回刊・年間購読料 9,600円（税・送料込）　　　　冊
　　　　　　　　　　　　　　　　　　　　　　号から購読申込み

個人情報の取扱い　ご記入いただいた個人情報は、お申込書等の送付および書籍等のご案内のみに利用いたします。

第13話 村田蔵六（大村益次郎）

新政府樹立のために幕府側との戦争を勝ち抜いた天才軍略家

　村山槐多は幼少期から多くの才能に恵まれたが、それが開花して画業に最も専念できたのは、1914年6月に上京した時から1919年2月に死去するまでの僅か4年半ばかりに過ぎず、活躍した期間は短い。

　農民出身の医家に育った村田蔵六も世に知られるのは、軍事の天才としてであるが、彼が実際に軍事に関与したのは、1865年6月長州藩の軍制改革の責任者となってから1869年11月に暗殺されるまでの僅か4年半ばかりに過ぎない。

　村田蔵六は、文政7（1824）年5月3日周防国吉城郡鋳銭司村で父「孝益」と母「梅」との間の子として出生した。諱は永敏、通称は宗太郎、長じて祖父の号を襲い、良庵と名乗った。

　祖父村田良庵は郡代官役所付の医者を務めたが、男の子がなく、秋帆村の藤村家の孝益と養子縁組をした。孝益は、その後藤村家の都合で、梅とともに実家に帰り、秋帆村で医業を営み、蔵六もその後両親と共に暮らしたが、村田家を継ぐことになっていた。

　蔵六は、天保13（1842）年周防国宮市（防府市）の蘭医梅田幽斎の蘭学塾に入塾した他、天保14（1843）年4月豊後国日田の広瀬淡窓が開いた咸宜園に入門したが、翌年6月退塾、同年9月梅田塾に再入塾。弘化3（1846）年春摂津国大坂の適塾に入塾し、驚異的な語学の才能によって、嘉永2（1849）年適塾の塾頭となる。

　その後、嘉永3（1850）年適塾を退塾して、郷里鋳銭司村にて医業を開業し、嘉永4（1851）年琴子と婚姻する。

　しかし、蔵六は、生来口数が少なく、不愛想であったことから、俗受けしなかったようであり、村の人々から敬遠されるようになり、遂に蔵六は、医

家を廃業する。蔵六は適塾仲間からも変人扱いをされていたもので、他人と交わることはほとんどなかったと伝えられてる。

その後嘉永6（1853）年9月蔵六は宇和島に向かい、翌嘉永7（1854）年2月13日伊予国宇和島藩の西洋兵学の翻訳や蘭学の教授となる。知行100石取りと同じ実収の月々米6俵の待遇を受ける。

蔵六は適塾時代から兵学研究を行っていたとみられるが、当時宇和島藩は、第8代藩主伊達宗城の下で殖産興業に力を入れ、海防のための洋学の導入や軍制改革に乗り出しており、宇和島藩に召し抱えられた蔵六は、大砲改鋳、西洋銃陣・砲台築造の指導、蘭書の翻訳、軍艦雛形製作、藩士らへの蘭学教授に従事した。

1856（安政3）年3月藩主伊達宗城の参勤出府に伴い江戸に赴き、11月1日江戸において、私塾鳩居堂を開塾、次第に兵学塾の趣が強くなっていく。

11月16日、宇和島藩士のまま幕府の蕃書調所の前身である洋楽所の教授方手伝となり、翌安政4（1857）年11月11日幕府の講武所教授をも兼務する（異動とする説もある）。

安政6（1859）年長州藩は江戸桜田の上屋敷において蘭書講読会を開催することになったが、蕃書調所から蔵六も参加し、桂小五郎と顔を合わせ、やがて、万延元（1860）年4月長州藩士となり、年米25俵の馬廻士に准ずる待遇となる。万延2（1861）年1月29日、西洋兵学を教える手廻組博習堂の用掛となって、蔵六の意向に従った教育改革を進めていくが、やがて文久元（1861）年12月22日、江戸詰となる。

攘夷開始とともに、長州藩は、文久3（1863）年5月10日アメリカ商船ペンブローク号、フランス軍艦キンシャン号、オランダ軍艦メデューサ号を砲撃、長州藩の壬戌丸と庚申丸が撃沈、癸亥丸が大破、軍艦との砲撃戦で諸砲台が沈黙させられた他、陸戦隊の上陸によっても砲台が徹底破壊された。

同年6月4日蔵六は藩から国元への召還を命ぜられ、10月24日手当防禦事務用掛に異動。11月27日撫育方用掛を兼帯。文久4（1864）年2月24日兵学校教授役に異動。2月装条銃打方陣法等規則調に異動。元治元（1864）年5月 鉄

<ruby>煩<rt>こう</rt></ruby>（鉄の大砲）御用取調方に異動。8月18日外人応接掛に異動。8月29日政務
座役事務扱および軍事専任に異動。

　ところで、同年7月19日禁門の変が起こり、長州勢は京都から総退却、さ
らに、8月5日には四国連合艦隊17隻が馬関海峡に入り、沿岸諸砲台に砲撃
を開始、同日夜から翌日にかけて陸戦隊が上陸して砲台を占拠し、国東半島
北の姫島に来襲、蔵六が外人応接掛に任命され、講和を成立させたのは、8
月16日であった。

　それに先立つ8月2日、幕府は、長州征伐のための将軍進発を布告したこ
とから、長州藩は、絶対恭順派の俗論派と、武備恭順の正義派とが対立した
が、10月俗論派が跋扈して政権を掌握するに至り、11月29日蔵六も全役向き
を免ぜられる。

　藩論対立の中で中立を保ったことから、12月9日博習堂用掛および赤間関
応接掛となったが、その多忙の中で、当時注目されていたクノープの戦術書
を翻訳し、『兵家須知戦闘術門』を著して、山口明倫館から刊行しており、
これはその後の蔵六による長州軍の軍制改革等に影響を与えることになる。

　同月高杉晋作は、下関で奇兵隊の諸隊長に俗論派打倒の挙兵を説き、僅か
にこれに応じた石川小五郎総督が率いる遊撃隊と、伊藤俊輔総督が率いる力
士隊とを率いて、同月15日長府を出撃、翌日、下関の開所を占拠し、三田尻
にいた藩の軍艦癸亥丸を奪うや、奇兵隊でも、山形狂介が、正義派と俗論派
との和解を提唱していた総督赤根に代わって実権を握る等して、諸隊が高杉
晋作に追随する。

　こうして追討軍を退け、元治2（1865）年1月28日萩では正義派が藩政の実
権を握り、翌2月22日藩主敬親は庶政一新を誓い、3月17日武備恭順を明ら
かにし、蔵六は命ぜられて、壬戌丸を売却して武器購入費用を調達するため
に上海に渡る。

　長州藩が一時恭順の意を表したことから、この年1月頃に征長総督の徳川
慶勝が引き揚げたことにより、但馬の出石に潜伏していた桂小五郎の復帰が
可能となり、彼は、同年5月27日政事堂用掛兼国政方用談役心得を命ぜられ、

長州藩の実質的指導者となる。

そこで、同年3月14日明倫館再興に伴い、兵学校御用掛兼御手当御用掛を命じられていた蔵六は、5月27日、桂小五郎の推挙により用所役軍政専務に異動。閏5月6日には大組御譜代にも列せられ、6月6日に100石高を受け、新式具方用掛を兼帯。

この時に初めて、蔵六は、長州藩の近代的軍事力の建設を名実共に一任されることになり、軍政改革の責任者として、藩政の中枢に名を連ねることになる。

蔵六は、銃を持たせ、韮山帽に、筒袖、袴風ズボンを着用させることにしたうえで、次のような軍制改革を行っている。

第1は、軍組織の再編であり、藩が費用を負担して農商兵を取り立て、訓練を兵学校に委ね、家臣団による干城隊、家臣から差し出させた銃隊（2個大隊）、陪臣による銃卒隊（2個大隊）、足軽による装条銃（ライフル銃）隊（3個大隊）を編成し、諸藩士は無用の従卒を伴うことを禁止された。他に、諸隊として、奇兵隊その他定員1500人宛の9隊が編成されていた。士官候補生は、兵学校で速成教育を受けた。それらに、徳山、長府、清末支藩の諸隊と併せて、藩内諸軍の再編、統一が実現した。

第2は、装条銃を中心とした装備の近代化である。蔵六は、3月下旬にプロシャ領事から装条銃800挺を購入した他、8月下旬英国商人トーマス・グラバーから、前装式であるが条溝を施したミニエー銃4300挺と、旧式のゲベール銃3000挺を購入しているが、グラバーからの購入に際しては、坂本龍馬、中岡慎太郎、西郷隆盛、小松帯刀、井上聞多、伊藤俊輔らが活躍している。

第3は、新戦術による用兵の徹底である。

まず、ヨーロッパ平原の戦術である『兵家須知戦闘術門』を山地・隘路の多い日本の地形に適応させた散兵戦術を採用するとともに、小部隊の指揮官の権限を高め、迅速かつ柔軟な戦闘指揮ができるようにするとともに、部隊の中核となる士官の速成教育を図り、地形や敵情に応じて、あらゆる状況の下での戦法を教えたのである。

　そして、12月12日藩命により、名乗りを村田蔵六から大村益次郎に変え、益次郎は、慶応2（1866）年4月3日、部隊の指揮官を対象とする三兵教授方および軍政用掛に異動。

　同年1月22日長州藩処分に関する勅許を得ていた幕府は、同年4月2日広島に出向いていた老中小笠原長行を通じて、長州藩主および岩国藩主、三支藩主らを広島に招致する幕命を下し、これを拒めば軍を進める旨を達したが、同年21日薩長同盟が締結されていたこともあって、長州藩は、同年5月29日に幕命を拒絶したため、征長総督の徳川茂承が広島に到着、小笠原は長州征討軍九州方面指揮のため小倉に向かった。

　長州藩に攻め入るには、海上からは四国伊予から大島藩領の屋代島を攻略する大島口、陸上からは、広島から山陽道沿いに岩国に至る芸州口と、小倉藩領の門司から馬関海峡を渡って下関に至る小倉口と、山陰道沿いに津和野を経る石州口とがあるが、大島口は益次郎の意見により土着の村上氏の水兵、僧兵、農商兵ら地元の兵に防御させて、緩急に応じて援兵を出すこととし、芸州口については長州藩の方から広島城下まで進撃する（ただし、益次郎は、芸州口は苫の坂限り防御を固めて戦線を膠着させることを提案したが容れられなかった）、小倉口は機先を制して馬関海峡を渡り、門司の敵を一掃し、小倉城を陥落させ、広く豊前一帯を抑え（高杉晋作と山県狂介の戦略である）、石州口は益次郎が同方面の総督清末藩主毛利元純の参謀として、津和野、益田、浜田、江津を経て、大森（幕府直轄の石見銀山の代官所があった）まで出撃して防御することになった。

　6月7日幕府軍艦による屋代島砲撃により、戦端が開いたが、大島口、芸州口はいずれも間もなく膠着状態に陥った。益次郎は、6月16日に石州口に侵攻した後、34日目の7月19日に浜田を占領し、その後石見銀山も占領、小倉口でも8月2日小倉を占領するに至った。

　折から、7月20日に将軍家茂が死去、慶喜も小倉城落城の報に接して出陣を断念、ここに第2次長州征伐は終了を告げたが、石見銀山の占領はその後も続いた。

　益次郎は、12月12日海事用掛を兼帯、慶応3（1867）年4月18日三兵教授方および陪臣大隊用掛に異動。10月27日用所助役および軍政専務に異動。

　同年10月14日徳川慶喜は大政奉還の上表を朝廷に提出し、翌15日の朝議で承認されたが、同月17日薩摩の西郷吉之助や長州の品川弥次郎らは討幕の勅諚を捧持して離京、長州藩は益次郎が担当して約860人の出兵準備を進める。

　11月17日3000人の薩摩軍といったん合流、その後薩摩藩兵は同月23日に入京、長州藩兵は12月1日に持ち場の西宮に進み、その後同月11日までに入京。その間の同月9日に朝廷は王政復古宣言。

　慶応4（1868）年1月1日徳川慶喜は西郷の挑発に乗り討薩の表を朝廷に差し出し、翌2日幕府軍が京都に向けて大阪を出発し、さらに翌3日鳥羽、伏見方面で朝廷軍と幕府軍が開戦するが、同月6日には幕府軍は総崩れになり、徳川慶喜は大阪城を脱して海路江戸に向かい、翌7日朝廷は徳川慶喜追討令を発し、同年2月12日徳川慶喜謹慎のため上野に入る。

　同月15日有栖川宮熾仁親王が東征大総督として京都を発つが、新政府軍の作戦計画は、東海道、東山道、北陸道の3道の地理を熟察したものであり、尋常の兵家の成しえるものではなかったことから、益次郎の意見を参考にして作成されたものと考えられている。

　同年4月11日江戸城は東征軍に明け渡され、同月21日有栖川宮大総督が江戸城に入った。

　この年1月17日用所本役および軍政専任に異動し、2月22日維新政府の軍防事務局判事加勢に任じられていた益次郎は、4月27日軍防事務局判事に転任、閏4月21日軍務官判事に異動する。

　5月初旬、上野に屯集している彰義隊数千人が官兵を襲う等し、無視できない過激なものとなっていたことから、大総督府で軍議を開き、僅かな官軍で攻めるのは無謀だとする東海道総督府の参謀海江田信義の反対を、大総督府補佐の益次郎は、西郷吉之助の決断によって押し切り、次のような作戦を立てる。

　上野南の黒門口を主攻、上野西北の団子坂を助攻とし、西方から砲撃によ

る側面攻撃することとし、上野の東と北は彰義隊の逃げ口として開いたうえ、江戸中心への侵入を防ぐための兵力や、江戸から諸方に通じる主要出入口への退路を断つための兵力を配置する。

　そのうえで、5月11日江戸府判事を兼帯、数日来の長雨で彰義隊による放火による被害のリスクが軽減された5月15日に攻撃を開始し、同日夕方には彰義隊の掃討を終了している。彰義隊の死者300余人、大総督府側の死傷者120人であり、益次郎の戦略と戦術は、一躍彼の名を轟かせた。

　5月8日従五位に叙位、6月4日従四位下に昇叙し、江戸府判事の兼帯を止め、鎮台府民政会計掛を兼帯。

　ところで、慶応4（1868）年1月17日新政府は仙台藩主伊達慶邦に対して会津藩追討を命じていたが、仙台藩はこれに従わず、慶応4（1868年、この年10月23日に明治に改元されている）年5月6日に陸奥国・出羽国および越後国の31藩により奥羽越列藩同盟が成立し、同年6月11日、大総督府の戊辰戦役における奥州追討の作戦計画が示されたが、その時兵権は益次郎の手に期していた。

　その作戦計画は、白河口の軍は、主作戦正面である白河から三春、二本松、福島を攻略して会津に攻め入る。平潟口に新たな軍を派遣し、泉、平を攻略して仙台に向かうというものであり、いずれも戦況は順調に推移しており、計画が示された当時占領していた越後口の長岡城が7月25日奪還されたが、同月29日参謀山県狂介が再び奪取、越後口での同盟軍を主導した河井継之助は8月16日死亡、9月22日会津藩、同月27日庄内藩がそれぞれ降伏し、奥羽の平定が終わった。

　ところで、榎本武揚ら旧幕府海軍を主体とする勢力は、同年8月19日江戸湾から脱出し、同月26日、仙台藩内の浦戸諸島・寒風沢島ほか（松島湾内）に寄港し、奥羽越列藩同盟軍の残党勢力および大鳥圭介、土方歳三等の旧幕府軍の残党勢力約2,500人を収容、10月12日に蝦夷地（北海道）へと向かい、10月26日、榎本は箱館五稜郭などの拠点を占領し、12月5日に北海道地域に事実

上の権力を成立させた。

　これに対する益次郎の戦略は、極寒中の軍事行動には利なしとして、春までの間は、軍備を整頓し、兵を休ませるというもので、翌年４月６日、新政府軍は青森を発して、江刺北の乙部に上陸、江差、松前等を攻略して、函館の総攻撃を開始したのは同月29日、榎本軍は翌５月18日に降伏している。

　益次郎は、天才的な軍事の才能を示し、討幕軍の事実上の大将として戦いを勝利に導いたが、彼が他人と交わることができなかったこと、語学や軍略家としての天才的才能の背景として異常な執着心を持っていたこと等から、彼が発達障害のうちのASDであったことが、近年精神科医より示唆されている（岩波明『発達障害』（文春新書、2017年））。

　益次郎は、1868年（明治元年）10月24日軍務官副知事に異動、明治２年（1869年）６月２日戊辰戦争での功績により永世禄1500石を賜り、木戸孝允（桂小五郎）、大久保利通と並び新政府の幹部となった。10月24日軍務官副知事に就任、益次郎は軍制改革の中心を担う。

　益次郎は、1869（明治２）年６月、政府の兵制会議で大久保らと旧征討軍の処理と、中央軍隊の建設方法について農兵論を主張して、薩長らの藩兵論と激しく論争する。

　新政府樹立後も兵権は依然として各藩主の手にあり、天皇直属の軍隊はわずかであったが、益次郎は、国軍の建設のためには、各種の兵権を藩主に奉還させるとともに、国民皆兵の徴兵令を敷き、全国に鎮台を設けて、下士官候補生を広く集めて養成機関で育成すること等を内容とする農兵論を主張した。

　これは、そのようにして初めて新政府軍を先進国並みの軍隊に育成することができるとの考えと、藩閥勢力がいずれ新政府と衝突することを予見したことによると考えられている。

　これに対して、大久保利通らは、薩摩、長州、土佐藩兵を主体にした中央軍隊を編成しようとする藩兵論を主張したのである。

　その結果、益次郎の健軍プランは凍結されてしまった。

　しかし、1869（明治２）年７月８日、兵部大輔に異動した益次郎は、あくまでも自らの計画に沿った新政府の軍制改革を進めようとして東奔西走するうち、同年９月４日刺客に遭難、同年11月５日逝去する。犯人は薩摩藩の者と私は推測している。11月13日贈従三位、1919年（大正８年）11月27日追贈従二位。

　益次郎は、実戦の経験のない医家であるにも関わらず、卓抜した兵家として、見事な戦略で戊辰戦争を指揮し、明治維新の第１の功労者であるばかりか、日本陸軍の創設者とも言われている。

　以上、主として、木村紀八郎『大村益次郎伝』（鳥影社、2010年）、稲葉稔『大村益次郎』（PHP文庫、1998年）による。

　司馬遼太郎は、『花神　上中下』（新潮文庫、1976年）の「あとがき」の中で、「蔵六の人生はじつに淡い。要するに蔵六は、どこにでもころがっている平凡な人物であった。ただほんのわずか普通人、とくに他の日本人とちがっているところは、合理主義の信徒だったということである。そのちがいは一見ほんのわずかに見えるが、考えようによっては、日本的風土のなかでは存在しがたいほどに強烈なもので、その強烈さのために蔵六はその風土を代表する政治的狂人のために殺された」と記している。

　司馬遼太郎は、『花神』の中で、蔵六とシーボルトの遺児であるイネとの交流にも筆を走らせているが、真偽のほどは定かではなく、作者は、蔵六の生涯に彩を添えたかったのであろう。

　さて、益次郎が刺客に遭遇したのは京都市中京区木屋町御池上ルの旅館であったが、河原町の長州藩邸で療養するうち、化膿により高熱が続き容易でない状態となり、10月２日大阪上本町の大福寺を仮校舎としていた大阪仮病院に移り、同月27日ボードイン執刀、緒方惟準助手で右大腿の中ほどからの切断手術を受けており、その際、イネも看病に駆けつけているが、もはや手遅れであった。

　この仮病院は、その後中央区法円坂二丁目の現・独立行政法人国立病院機

構大阪医療センターに承継されたことから、後に、その南東角に「大村益次郎殉難報国の碑」が建てられている。

　石碑には、建立の発起人として、松下幸之助、野村徳七、伊藤忠兵衛、小林一三等総勢88名の錚々たる面々の名前が彫られているが、太平洋戦争中に建立されていて、当時行われた他の国史跡の指定と同様、国民の戦意高揚の一環としての事業であったと考えられ、現に東条英機も発起人の一人として氏名が刻されている。

　建立の動機はともあれ、現在、この石碑の管理者は不在であり、老朽化しており、このままでは自然に崩壊するか、それによる事故防止のために早晩撤去されるかもしれないことを惜しんで、私は山口県下の某銀行の元頭取に、石碑保存のための尽力をお願いしたいと要請したことがある。

　しかし、益次郎を支えた桂小五郎（木戸孝允）や高杉晋作らは、一早く死亡し、長州藩出身者で新政府の要職に就いたのは、薩摩藩出身者との間でほどよい関係を保った者だけであり、その後薩長を中心とする藩閥政治が続いたこともあって、これに抵抗して農兵構想を進めようとした益次郎は、維新後の長州藩出身者の活躍を誇りとする今日の山口県民には人気がないようで、私の願いは、今日まで叶えられていない。

　せめて、石碑に填め込まれた益次郎の像を鋳た円形の金属板位は、ゆかりの地に移設して、永久に保存してもらえないであろうか。それが叶わなければ、せめて縁のある適塾に保存・展示されても良いと思うのであるが。

　最後に、益次郎は、日本陸軍の創設者とも言われているが、日清戦争の勝利により植民地獲得競争に遅ればせながら乗り出し、その後日露戦争も勝利したことによって、有頂天になった日本は、益次郎の合理主義を完全に忘れてしまい、日中戦争を引き起こした神がかり的な日本陸軍参謀本部や関東軍、さらにはわが国を太平洋戦争に引きずり込む発端を作った日本海軍によって、兵站なき精神論だけで、次々と戦線が拡大されて、戦場となった他国の大勢の無辜の国民とともに、沢山のわが国の兵と市民とが、死に追いやられてしまったのである（笠原十九司『日中戦全史（上・下）』（高文研、2017年）は日本海

軍の責任にも詳しい）。

　わが国が今後再び同様の間違いを犯さないためには、彼の合理主義の再評価と、後の日本陸軍の兵站なき暴走が何故引き起こされたのかという問題についての、究明と深い反省とが不可欠というべきである（半藤一利『あの戦争と日本人』(文藝春秋、2011年)は、日露戦争と太平洋戦争との違いについて徹底的に検討したもので、今日の日本人の必読の書である）。

ひとこと　歴史には「もし」はないといわれるが、わが国の陸軍が、蔵六の企図したような形で建軍され、育てられていれば、日華事変から太平洋戦争に至る悲惨な歴史を我国が辿ることはなかったと、私は考えている。

　蔵六は、戦争の生命線が兵站部門にあることを熟知していたが、彼が暗殺された後に生まれた日本陸軍は、兵站を軽視し、戦意だけで兵士を戦わせる前近代的なものでしかなく、無能な指導者達が、世界に大きな惨禍を与えただけではなく、膨大な日本の無名の兵士と市民達をも不幸に陥れた。

　忘れ去られ、その記念碑も朽ち果てようとしている蔵六を顕彰し、今日の世に蘇らせたい、そして、不幸な戦争の抑止力としたいと、私は常日頃願っている。

第14話　長　野　一　郎

回天の事業のために命を懸けた人望厚き天誅組の医師

　村田蔵六は明治の時代を切り開いた立役者でありながら、故郷山口県の人々から忘れ去られた人物であるが、私の住む河内長野市に生まれ、明治時代を切り開くための魁となった天誅組の乱（四宮章夫『弁護士日記すみれ』76頁（民事法研究会、2015年））に参加して刑死した長野一郎も、やはり同市内の多くの人々から忘れられているように思える（ただし、同市の元市長芝田啓治は『幕末太平記』（東京図書出版、2007年）を著している）。

　長野一郎は、天保10(1839)年河内国長野村の医師である父「吉井寛斎」と母「梅」の三男として生まれ、諱を寛道、幼名を義三と言い、幼年より和漢の書に親しみ、兵学を修め、青年時代、緒方洪庵の適塾で西洋医術を学んだ。1844年から1862年までの適塾の入門者612名を記録した「姓氏録」の福沢諭吉の署名のある頁の前の頁に「吉井義三」の署名が残っている（緒方富雄『緒方洪庵　適々斎塾姓名録』（学校教育研究所、1976年）、福沢諭吉は328番、義三は325番）。

　義三は、その後、南河内郡河内町大塚原の宗家吉井寿軒の嗣子となり、その娘と結婚して医業を営んでいたが、貧民救済のため一身を忘れて診察したので、人々から尊敬されていたといわれている。

　その一方で、義三は、早くから勤王の志を懐き、幕府の専横を憤り、回天の志を抱いて、河内国錦部郡甲田村（現・富田林市）の水郡善之祐、長野村の吉井米蔵らの志士と交わっていた。

　なお、義三ら三兄弟が共に攘夷運動に傾倒したことについては、彼らの母梅の兄の跡見重敬が攘夷派の公卿姉小路公知の家臣であったことから、その影響を受けたことも無視できないと思われる。

　ちなみに、跡見重敬の二女花蹊は跡見学園の創設者として知られている

（松本弘「長野一郎が天誅組に参加した理由を考える」河内長野市郷土研究会『高野街道～河内長野を中心にして～』（2004年））。

　文久3（1863）年8月初め、河内の志士達は京都に上ったが、その際、義三は、長野一郎の変名で同行し、長州藩に気脈を通じる三条実美ら攘夷派公卿の画策で、同月13日孝明天皇の神武天皇陵参拝、攘夷親征（大和行幸）の詔勅が発せられたことから、準備のために河内に帰る人々と別れて、京都に居残り、14日天誅組主将中山忠光一行38人の中にあって、河内路の道案内をし、16日夕刻甲田村の水郡邸に到着する。

　一行は、翌17日早朝水郡邸を出発、長野一郎は伍長兼薬役を担い、弟子内田耕平を連れて同行、途中観心寺に立ち寄り、後村上天皇陵に参拝するとともに、楠木正成の首塚に詣で、主将中山忠光は、建武の中興の昔を偲び、一行を代表して、「建武中興の業は、公の先唱に依りて成りぬ。今亦我等一統復古の先駆たらんことを期す。仰ぎ願わくば、是に英霊の冥助を垂れ賜んことを」と祈願した。今日では首塚の前の広場を挟んで、天誅組讃蹟碑が建立されている。

　なお、後世の人々はこの一行を天誅組、あるいは天忠組と呼ぶが、参加者自身は「誅」または「忠」のいずれの文字も使用していないようであり、当時、尊攘派志士らによって「天誅」の名の下に繰り返された暗殺事件と区別するために「天忠」の文字の使用を好む向きがあるが、本稿では、一行の呼称として広く使われている「天誅組」の文字を使用する。

　その後、同寺内の槙本院で軍議を練り、昼食をとる。この時、長野村吉年米蔵より皮包みの弁当が100人前ばかり届いた。観心寺も勤王の印として、甲冑1領を忠光に送っている。

　観心寺を出発した一行は、天皇の行幸中止という形勢が濃厚になりつつあることも知らず、大和五条に向かい、17日夕刻五条代官所に至り、代官鈴木源内と元締等4人の合計5人を討ち取り、桜井寺を本陣とする（水郡庸皓『天誅組河内勢の研究』（河内勢顕彰会、1966年））。

　この時に始まる「戦」の呼称に、「乱」、「義挙」の文字が使用されること

もあるが、「乱」は大規模な反乱や騒乱を意味するのが一般的であり、「義挙」は幕末の一時期に用いられた歴史的用語で主観的評価が介在しているので、本稿では、天誅組の「変」と呼ぶ。

ところが、翌18日京では政局が一変する。会津藩、薩摩藩と気脈を通じた中川宮が尊攘派の排除を図り、孝明天皇を動かして政変を起こした。これにより、大和行幸の延期と三条実美ら攘夷派公卿の参朝禁止、長州藩の御門警護解任が決定された。これらの決定は会津藩ら諸藩兵により御所を封鎖したうえで行われ、宮門に駆けつけた長州藩兵との間で一触即発の事態になる。結局、長州藩は武力衝突を避けて撤退、攘夷派公卿は官位を剥奪されて失脚した。朝廷の実権は公武合体派が握ることになった。

天誅組の挙兵を知った京の三条実美は、自重をうながすべく平野国臣と安積五郎を使者に送り、19日平野国臣が桜井寺に入ったが、説得に失敗、以後、安積五郎は天誅組と行動を共にしている。

なお、平野國臣は、天誅組と呼応しようとして企てていたが、その崩壊により、目的を復讐に変更して、文久3（1863）年10月11日に但馬国生野銀山町（現在の兵庫県朝来市生野町）で敢行された生野の変に、総督として参加したが、内部分裂により3日で破陣し、豊岡藩兵に捕縛され、京の六角獄舎につながれ、元治元年（1864）年7月、禁門の変の折りに発生した火災が切っ掛けで斬首された（生野の変については、前嶋雅光『幕末生野義挙の研究』（明石書店、1992年）参照）。

京都の政変により孤立無援となった天誅組は、本陣を、五條から、西熊野街道の天辻峠の南に位置し物資の集散地でもあった天川の辻に移し、十津川郷士を募兵して農兵1200人程を集めるが、彼らは、戦闘訓練を受けたことのない人たちであった。

天誅組の装備も貧弱で、8月17日段階では、銃は、火縄銃5挺、ゲベール銃5挺のみであり、木砲は花火筒そのままであったという。

文久3（1863）年8月25日夕刻、天誅組約1500人が吉野川の河原に集結して編成を整えて高取城に向かい、翌日午前6時頃開戦するも、天誅組はたちま

ち総崩れして敗走する。

　高取藩の圧倒的勝利にもかかわらず、同藩の戦利品は、小銃45、木砲6、刀37、脇差56に過ぎず、天誅組には城攻めのための戦略も戦術も、そして備えもなかったことが伺われる。

　この時、総裁吉村寅太郎が左腹部に銃丸を受けるが、村医は治療法を知らず、疼痛が激しくなったため、長野一郎が馳せ参じて、洋式医術で創口を切開して銃丸を取り出したことにより、痛みが大いに減じた際、かれは、莞爾として笑い、「名士の一命を救えば医道もまた国患を治するものか」と言ったという（松本裕之「江戸後期から明治におけての南河内地方の教育について（その４）特に天誅組の長野一郎を中心として」前掲『高野街道〜河内長野を中心にして〜』）。

　その後、天誅組を暴徒とする追討の命が下されたことが明らかとなると、初め天誅組に協力していた十津川郷士らが離反し、幕府から天誅組の討伐を命じられた紀州藩（1500人）、津藩（3000人）、彦根藩（3000人）、郡山藩（2000人）などが五條周辺に布陣し、吉野川沿岸に展開した。

　天誅組は、8月28日の軍議で、十津川山中に立て籠もり、機を見て紀州新宮表に出て、四国、九州で再挙を期することになったが、この時、水郡善之祐を中心とする天誅組河内勢は、糧食、弾薬の補給がない以上、包囲網が完成する前に脱出することを主張したものの、容れられなかった。

　そして、9月6日頃、寄せ手が少しずつ前進し、戦端が開かれるようになると、天誅組は、徒に山中を逃げ惑い、勇敢な志士を次々と死に追いやることになる。

　度々前線で置き去りにされた天誅組河内勢は、ついに9月8日、主将中山忠光の数々の戦術ミスと、藤本鉄石、松本謙三郎、吉村寅太郎の3人の総裁がこれを正し得なかったことにより、本隊と別れて別行動を採ることになる。

　しかし、新宮を目指す天誅組河内勢がまず向かった十津川郷は、最早敵側についていて、紀州藩の警備も厳しく、重傷者も抱えて進退窮る。

　そのため、水郡善之祐ら8名は、みすみす各個撃破されて次々と山中に果

てるよりは、天下に天誅組の義挙を知らしめてから死のうと衆議一決し、9月23、4日頃に、紀州藩の屯所に出頭して逮捕された。

　一方、中山忠光以下の本隊は、大阪方面への脱出を図ったものの、弾薬が1合戦分ほどになったことから、ひとまず十津川に引き籠ろうとしたが、拒否され、尾鷲に出ようと大峰山系の険路に向かうが、紀州藩の警戒厳しく、今度は吉野の東から河内に向かうことになる。

　こうして9月24日夜、天誅組40数人が鷲家口で彦根勢と紀州勢の陣所に突入し、激戦の末、予め決死隊として選ばれていた6名と他2名が討死する間に、その余の者は陣所を突破し、約20名が思い思いの方向に落ちて行った。

　中山忠光と付き添う6名は、竹内峠から大阪の桃山(天王寺区)に出て、舟で西横堀の両国橋に着き、長州屋敷に入り、28日頃長州に落ちて行ったと考えられている。

　しかし、他の者は次々と落人狩りにかかり、あるいは殺害され、あるいは捕縛されている。

　天誅組河内勢が本隊を離脱する際、離れた場所にいた長野一郎は、水郡善之祐からの手紙による離脱の誘いを受けたが、それには乗らず、本隊に残り、鷲家口の敵陣も突破できたものの、ついに、同月25日三輪村で地元の芝村藩に捕らえられる。

　すなわち、長野一郎は、河内の年寄役森本伝兵衛、土佐脱藩沢村幸吉らとともに、芝村藩の警備の中をいったんは平和裏に通過できたものの、近くで藤堂藩が天誅組の落人を捕えたと聞き、慌てて追いかけてきた芝村藩の者に捕縛されたのである(樋口三郎『実記天誅組始末(復刻版)』(天誅(忠)組記念館、2010年)、なお、原著は1973年発行)。

　ところで、自首した河内天誅組に対応したのは、紀州藩小又川駐屯隊長の吉本任で、彼は天誅組の心意気に感動し、小又川村(田辺市龍神村小又川)の農家の米倉に幽閉された一行に、酒を運ばせ負傷者の治療を受けさせるなど、護送されるまでの2日間、手厚く待遇しており、水郡善之祐は、倉の壁に辞世の歌を残している。

　　皇国の　ためにぞつくす　まごころは

　　　　神や知るらん　知る人ぞ知る

　天誅組の乱については、既引用のもののほか、吉見良三『天誅組紀行』
((人文書院、1993年)、その復刻版が天誅(忠)組記念館草村克彦によって2012年に
発行されている)、舟久保藍『実録　天誅組の変』(淡交社、2013年)、同『天誅
組　その道を巡る』(京阪奈新書、2017年)、河内長野市史編修委員会編『河内
長野市史(第2巻)』(河内長野市、1998年)、草村克彦『明治維新の魁　天誅組
の痕跡を市内に辿る』(大阪の歴史88号、2019年)等参照。

　長野一郎は、その後、京都の六角牢に送られ、元治5(1864)年2月17日に
処刑された(享年27歳)。長野一郎の長兄吉井見蔵も医師であったが、天誅組
の変発生後当局の調べを受け、古市岡部出張所の牢舎で自刃している。

　長野一郎の次兄長野正一郎は、右近衛中将鷲尾隆賢の次男である鷲尾隆聚
の内勅を奉じて、外約20名の河内勢とともに、慶応3(1867)年12月に起きた
高野山義挙に参加、華々しい戦闘はなかったものの、京都と紀州の間に立て
籠り、徳川の親藩紀州藩の動きを牽制するという成果を挙げており、引き続
き、奥州追討総督・陸軍少将となった鷲尾隆聚に従って北越戦争に従軍医師
として参加したが、明治2年帰村した。

　天誅組の変は、尊王攘夷の志熱い人々により引き起こされ、以後、文久3
(1863)年10月の生野の変、元治元(1884)年の水戸天狗党の乱、禁門の変、慶
応2(1886)年の第2次幕長戦争を経て、慶応3(1887)年に大政奉還の後、王
政復古が宣言されて、新しい時代が到来する、その魁として新しい時代を切
り開くために立ち上がった回天の行動であった。

　このため、天誅組参加者の中には贈位を受けた者が41名いるが、そのうち
河内勢は9名に留まり、長野一郎も正五位を追贈されているが、必ずしも新
政府は、草莽の士の活躍を歓迎していなかったことが明らかである。

　その理由として、尊王攘夷を旗印に幕府に挑んでいた薩摩、長州等の指導
者も本気で攘夷ができると考えていたわけではなく、幕府との対立軸を作る

ための方策でしかなく、草莽の士達の攘夷思想とは相容れなかったと説明する向きもある。

しかし、維新後の政権を担った薩長等出身の武士達が、大村益次郎の農兵論を退け、藩兵論に拠って維新後の政治を支える軍事体制を築いていった点に照らしても、新政府の要路をすべて彼らが分け合おうとしたため、草莽の士が新しい政治、軍事の体制の中に入り込む余地がなかったと見るべきであろう。

岩倉具視の密命を受けた鷲尾鷹聚侍従の呼びかけに応じて高野山義挙に参加した河内勢は、その後も奥州戦争の駒として使われたが、誰一人として贈位されておらず、贈位されたのは明治政府に登用された鷲尾鷹聚のみであり、長野正一郎の帰村はその故であったろうと私は考えている。

太平洋戦争中、戦意高揚のために内務省指定の神社として大阪護国神社が創建された時に、長野一郎を含む天誅組の大阪関係者八柱(森本伝兵衛、和田佐市、辻幾之助、長野一郎、田中楠之助、水郡善之祐、吉年米蔵、秦将蔵)が、同神社の最初の御祭神として祀られ、その後一柱が追加され、それは天誅組に参加し、後に禁門の変で戦死した武林八郎と推測されているが、敗戦による軍国主義の否定の過程で、天誅組は再び忘れられていったようである。

なお、かつて奈良護国神社で祀られていたいた伴林光平が同神社の祭神名簿から外されていることが近年判明し、現在では、大阪護国神社の祭神名簿の最後に記載されて、祀られるようになっている。

ともあれ、人は何らかの荷物を背負ってこの世に生まれるわけではないが、徒に、財や、名誉や、地位などという荷物を背負って、悪戦苦闘しながら、生を終える者が少なくはない。

しかし、その時手元にあった財産や勲章や爵位は、勿論のこと、黄泉の世界(私はそもそも存在しないと考えるが比喩として)に持ち込めるわけではなく、せっかく生まれてきたからには、己の欲するままに生を全うすれば良いと、私は考えている。

> ✿ **ひとこと** 明治維新は薩長を中心とする武士達だけによって成し遂げられたのではなく、農民一揆や、町人の打ち毀し、脱藩者達による「変」の形を採った反幕府運動の力も無視できない。
>
> 私の住む河内長野の医師で、適塾で学んだ一郎は、回天の志を抱き、天皇の大和行幸を機に、全国の志士達とともに攘夷新政を実現させようという考えに賛同し、天誅組の変に参加した。
>
> 戦いの期間は1月半程度に過ぎず、後に、草莽の士を排して薩長の志士達が新政府の枢要部を占めたために過小評価されているが、それは回天の事業であった。
>
> 天誅組の変に参加して、自らの信念に殉ずることができた強靭な精神を、私は地元民として誇らしく思う。

第15話 緒方　洪庵

高い倫理を掲げ適塾で多くの有為の人材を育てた蘭医

　村田蔵六や長野一郎が学んだ適塾を開いた緒方洪庵は、全国から雲集した有為の人材を育てた卓越した教育者であるとともに、プロフェッション（後記142頁参照）として高い倫理を掲げて医学の研究と患者の治療にあたった名医でもあった。

　ところで、緒方洪庵が奥医師として江戸で暮らした最晩年、村田蔵六は長州藩江戸屋敷での御用についていたことから度々師を訪ねていた。この両者の奇しき縁は、弟子の御蔭で「適塾」が今日に残ったというエピソードに繋がっているので、まず、その点からご紹介する。

　大村益次郎の遭難から70年目にあたる昭和14年、折からの日中戦争遂行のための戦意高揚を期して、「大村益次郎殉難報国の碑」を建立することになった際、益次郎の師の洪庵のために、当時日本生命の債権担保として押さえられていた「適塾」の保存運動が起こり、昭和15年7月「大阪府史蹟名勝天然記念物保存顕彰規程」により史跡保存され、さらに翌16年12月文部省からも史跡指定された。

　このため「適塾」には担保価値がなくなり、福沢諭吉の孫で、緒方洪庵の六男収二郎の五女淑子の夫であった福沢八十吉らの働きかけと、当時の大阪大学総長による譲受けの申出により、「適塾」は、担保解除を受けたうえ、収二郎を通じて国に寄付され、昭和17年9月に大阪大学に移管されて、永久保存されることになったのである（大阪大学適塾記念センター『新版　緒方洪庵と適塾』（大阪大学出版会、2019年））。

　洪庵は、文化7（1810）年7月14日、備中足守藩（現在の岡山市北部）士である父「佐伯惟因」と、母「キャウ」の三男として生まれ、幼名は田上騂之助、

「田上」は先祖の姓であり、字は「公裁」であった。

　洪庵は、8歳のとき天然痘にかかり、文政8（1825）年2月5日無事元服して田上惟章と名乗ったものの、武士の子であったが虚弱体質のため医師を目指すことになり、10月大坂堂島新地4丁目（現・大阪市北区堂島3丁目）にあった足守藩大坂蔵屋敷の留守居役となった父とともに大坂へ出る。

　文政9（1826）年7月に中天游の私塾「思々斎塾」に入門。この時に緒方三平と名乗り（後に判平と改める）、以後は緒方を名字とするが、それは源平時代の祖先の氏であった。

　同塾で4年間、蘭学、特に医学を学ぶが、中天遊は、大槻玄沢、宇田川玄真、稲村三伯という蘭学の流れを受けて、その関係の医学の訳書はそろっていた模様で、洪庵は、中遊の指導を受けながら、それらを読破し、熱心に学んだと考えられている。

　また、中天遊は、大坂の西洋学の学祖とされる橋本宗吉の絲漢堂に出入りしてその教えを受け、単に医学にかかわらず、広く西洋の物理学方面等にも通じており、洪庵は、そうした分野の知識も大いに継承している。

　しかし、西洋学問には訳書も多いが全部そろっているわけではないことから、洪庵は、中天遊から、原典について学ぶために江戸に出て蘭学者の坪井信道の下で修業することを勧められて、天保元（1830）年4月江戸に向かい、江戸入りの前に房州に1年間ほど滞在し、坪井信道の営む坪井塾「安懐堂」の束脩金（入塾費用）を蓄えたうえで、天保2（1831）年2月江戸表に入って、安懐堂に入門する。

　洪庵は、信道の深い慈愛の下で、刻苦勉励し、原書数十巻を読んで学力を身に付けるとともに、天保3（1832）年12月には蘭書から『人身窮理学小解』を訳出し、翌年にも『白内翳方術論』を訳出する等、次々と蘭書を翻訳している。

　また、信道から、その師の宇田川玄真にも教えを受けるよう勧められて、玄真にも入門しているが、玄真は、西洋医学は、解剖学、生理・病理学、薬学の順で学ぶべきところ、日本では生理・病理学という柱が確立できていな

いことを憂え、かねて、坪井塾の弟子の洪庵や青木周弼に数冊の蘭書を翻訳させて、簡明な病原書を作ろうと考えていたもので、病気で亡くなる前に、自分が果たしえなかった著述を洪庵に託している。

　折から、洪庵の父惟因は、天保6（1835）年2月に江戸での勤めを終えて足守藩に帰ることになり、洪庵も、遊学を打ち切って父に同行すべく、江戸を出立したが、途中大坂で中天遊を訪れた際に、師から、かつて思々斎塾で学び、名塩村で医師を営む傍ら、製薬販売業をも営んでいた億川百記が、愛娘の八重に婿を迎えたいと考えて、周旋を依頼してきていることを伝えられ、婚約がまとまることになる。

　洪庵は、足守藩帰国後12日目の3月24日に大坂を訪れて、翌4月から中天遊の遺子耕介の医業を補佐したり、思々斎塾で蘭学の教授にあたった後、同年12月に足守に帰っている。

　そして、洪庵は、玄真の遺命を守り、西洋の生理・病理学を極めて書を完成させるための研究と、中耕介を長崎で学ばせる目的で、天保7（1836）年正月5日足守藩を発ち、大坂経由で、翌2月10日同人を伴って長崎遊学に出、3月初め長崎に到着、大恩寺籠町にて開業して、費用を賄いながら修業を進めた。古くは、オランダ人のニーマンのもとで医学を学んだとされてきたが、彼は商館長であったが医学の心得はなかったようである。

　長崎修業中、洪庵は、青木周弼らとともに、オランダ人プラッへの薬剤処方書を訳して、『袖珍内外方叢』と名付けている。

　洪庵は、天保9（1838）年春大坂に帰るが、長崎修業の成果は、後に『病学通論』、『扶氏経験遺訓』に結実する。前者は、ドイツやフランスの病学書や人身窮理書、治法総覧、さらに化学、物理の群籍を参考とし、玄真の遺稿を補正し、脱稿したものであり、後者は、ベルリン大学教授のフーフェランドが自らの50年にわたる経験をまとめた『エンキリディオン・メディクム（医学必携）』を、オランダのハーマンによる蘭訳のうち、『治療編』と『薬処方編』とを翻訳し、安政4（1856）年12月から文久元（1861）年11月まで5年がかりで出版したものである。

　洪庵は、多くの蘭書を翻訳したが、直訳はせず、原文を十分に咀嚼したうえで、わかりやすい日本語に翻訳し、かつ、原典の誤りや、異説にも言及する等しており、あくまでも臨床現場で実際に役立つよう工夫をしている。

　ところで、長崎修業から帰った洪庵は、津村東之町（現・大阪市中央区瓦町3丁目）で、医業を開業すると同時に蘭学塾「適々斎塾（適塾）」を開く。適々斎の出典については幾つかの説があるが、福沢諭吉が、洪庵の「適々」の生き方について「無意人乃如意人」と語ったところを参考にして、「自らの心に適うままに、真実に生きる人こそ自分の思いを達する人である」と考える説が今日では有力である（梅渓昇『緒方洪庵』（吉川弘文館、2016年））。

　洪庵は、天保9（1838）年八重と結婚、適塾の門下生も日々増え津村東之町の塾では手狭となったため、弘化2（1845）年過書町（現・大阪市中央区北浜3丁目）の商家を購入し、適塾を移転した（適塾は、現在のコスモス法律事務所のある京阪淀屋橋ビルと、内北浜通りを挟んだ向かい側にある）。

　適塾では、「学問の前に人は平等である」という原則が貫かれ、士農工商の身分ではなく、成績だけで序列化し、完全な実力主義を敷き、塾生同士が切磋琢磨することにより実力をつけるよう工夫されていた。最も優秀な塾生を塾頭、これに次ぐものを塾監、その他を1級から9級まで分け、新しい塾生は無級とし、各級別の会読での成績で進級を認めた。この方式は、豊後国日田の咸宜園で広瀬淡窓が始めたとされるが、適塾の実力主義は徹底していて、幾多の優秀な人材を育てることに成功している。

　また、塾生が学んだのは医学に限られない。兵学、物理学、化学その他それぞれの興味に従い、広い分野に関する知識を吸収することが許された。

　さらに、洪庵は、塾生の自主性を尊重し、その日常生活を縛ることを好まなかった。塾則の第1条に「原書を読むことのみにとどめ、翻訳することは厳禁す」と定めたが、これは幕府の蘭学抑制政策から学問研究の自由を守るための洪庵の深謀遠慮から出たカモフラージュに過ぎない。

　福沢諭吉の『福翁自伝』（岩波文庫、2002年）には塾生の日常生活が生き生きと描かれている。

　適塾に残された「姓名録」には、天保15(1844)年１月に在籍していた塾生の名が連ねられ、その後入門者が姓名、出身地、入塾日等を書き加えていき、それは洪庵が死去した翌年の元治元(1864)年７月まで続いており、姓名録に載った塾生は636名とされる。もっとも、開塾当初の塾生や一時的な通学生の中には姓名録に署名していない者もあり、適塾門下生の数は全体で1000名を下らないとされている。

　そして、医業を志す者が全国から集まった理由の一つとして、洪庵に備わった卓越した倫理感が人を魅了したことを指摘することができ、そうした教えを身に付けた福澤諭吉、大鳥圭介、橋本左内、大村益次郎、長与専斎、佐野常民、高松凌雲ら錚々たる弟子達が巣立つに至ったのではないかと、私は考えている。

　洪庵は、フーフェランドの『エンキリディオン・メディクム(医学必携)』の第２版本の巻末に掲載された「医者の義務」を意訳し、「扶氏医戒之略」という日本文に纏め、末尾に自警のためと記しているが、これはプロフェッションである医師必携の心得であり、今日なお多くの医院や病院に掲げられているようである。

　同じプロフェッションである弁護士も尊重すべき心得であることは言うまでもなく、私は、自戒のために、折に触れて洪庵の説かんとしたことを思い出すようにしている。

　次にその全文を掲げておきたい。

　　一、医の世に生活するは人の為のみ、おのれがためにあらずということを其業の本旨とす。安逸を思はず、名利を顧みず、唯おのれをすてて人を救はんことを希ふべし。人の生命を保全し、人の疾病を復治し、人の患苦を寛解するの外他事あるものにあらず。

　　一、病者に対しては唯病者を見るべし。貴賤貧富を顧ることなかれ。長者一握の黄金を以て貧士双眼の感涙に比するに、其心に得るところ如何ぞや。深く之を思ふべし。

　　一、其術を行ふに当ては病者を以て正鵠<ruby>正鵠<rt>せいこう</rt></ruby>とすべし。決して弓矢となすこ

となかれ。固執に僻せず、漫試を好まず、謹慎して、眇看細密ならんことをおもふべし。

一、学術を研精するの外、尚言行に意を用いて病者に信任せられんことを求むべし。然りといへども、時様の服飾を用ひ、詭誕の奇説を唱へて、聞達を求むるは大に恥るところなり。

一、毎日夜間に方て更に昼間の病按を再考し、詳に筆記するを課定とすべし。積て一書を成せば、自己の為にも病者のためにも広大の裨益あり。

一、病者を訪ふは、疎漏の数診に足を労せんより、寧一診に心を労して細密ならんことを要す。然れども自尊大にして屡々診察することを欲せざるは甚だ悪むべきなり。

一、不治の病者も仍其患苦を寛解し、其生命を保全せんことを求むるは、医の職務なり。棄てて省みざるは人道に反す。たとひ救ふこと能はざるも、之を慰するは仁術なり。片時も其命を延べんことを思ふべし。決して其不起を告ぐべからず(筆者注：当時の世間一般の医学的知識の水準からは肯定できるが、現代では患者の自己決定権を侵害することになる)。言語容姿みな意を用ひて、之を悟らしむることなかれ。

一、病者の費用少なからんことを思ふべし。命を与ふとも、其命を繋ぐの資を奪はば、亦何の益かあらん。貧民に於ては茲に斟酌なくんばあらず。

一、世間に対して衆人の好意を得んことを要すべし。学術卓絶すとも、言行厳格なりとも、斎民の信を得ざれば、其徳を施すによしなし。周く俗情に通ぜざるべからず。殊に医は人の身命を依托し、赤裸を露呈し、最密の禁秘をも白し、最辱の懺悔をも状せざること能はざる所なり。常に篤実温厚を旨として、多言ならず、沈黙ならんことを主とすべし。博徒、酒客、好色、貪利の名なからんことは素より論を俟ず。

一、同業の人に対しては之を敬し、之を愛すべし。たとひしかること能はざるも、勉めて忍ばんことを要すべし。決して他医を議することな

かれ。人の短をいうは、聖賢の堅く戒むる所なり。彼が過を挙ぐるは、小人の凶徳なり。人は唯一朝の過を議せられて、おのれ生涯の徳を損す。其徳失如何ぞや。各医自家の流有て、又自得の法あり。漫に之を論ずべからず。老医は敬重すべし。少輩は親愛すべし。人もし前医の得失を問ふことあらば、勉めて之を得に帰すべく、其治法の当否は現病を認めざるに辞すべし。

一、治療の商議は会同少なからんことを要す。多きも三人に過ぐべからず。殊によく其人を択ぶべし。只管病者の安全を意として、他事を顧みず、決して争議に及ぶことなかれ。

一、病者曽て依托せる医を舎て、竊に他医に商ることありとも、漫りに其謀に与かるべからず。先其医に告げて、其説を聞くにあらざれば、従事することなかれ。然りといへども、実に其誤治なることを知て、之を外視するは亦医の任にあらず。殊に危険の病に在ては遅疑することあることなかれ。

　　右件十二章は扶氏遺訓巻末に附する所の医戒の大要を抄訳せるなり。書して二三子に示し、亦以て自警と云爾。

　　　　　安政丁巳春正月　　　　　　　　　　　　　公　裁　誌

　診察や教育活動など多忙を極めていた時でも、洪庵は、友人や門下生とともに花見、舟遊び、歌会に興じた。洪庵は、自身の医学観を次のような歌に残している。

　　　　　自然の臣なり

　　　天地の神のをしへのほかにわか

　　　くすしのみちののりあらめやは　　　　章

　これは、前記『エンキリディオン・メディクム』の冒頭にあるラテン文「自然は癒し、医者は諸々の病を治す」を意訳したものであるとされている。

　洪庵の医師としての顕著な活動としては、コレラ対策と、種痘事業がある。

　まず、安政5（1858）年7月長崎に入港した米国軍艦ミシシッピー号の乗組員が感染源となって、中国から日本にコレラ菌が持ち込まれ、わが国で大流

行したが、その際、松本良順が、長崎の医学伝習所にオランダから来日していたボンペから、ドイツ人ウンデルリッヒのコレラ治療法の口授を受けて、訳したものと、『扶氏経験遺訓』のコレラの章との間に大きな違いがあることに気づいた洪庵は、手元にあったモスト、カンスタット、コンラジの3人のドイツ人の著書の蘭訳本からコレラの項を抄訳して、同年9月上旬に、それらを紹介する『虎狼痢治準』を出版している。

そのうえで、適塾用に簡潔にまとめた『家塾虎狼痢治則』を作成したほか、日本で入手しやすい薬で処方し、さらに2年間にわたってコレラ患者を詳しく観察した結果、治療の要点は前兆期にあるとし、初期段階で催吐剤、鎮静剤、発汗剤の順に投与すれば、症状を食い止めることができ、ほとんど助かると説いている。

なお、ドイツ人のコッホがコレラ菌の分離、培養に成功したのは約四半世紀後の1884（明治17）年のことであった。

次に種痘事業であるが、当時わが国でも一度種痘にかかると免疫ができることが知られ、種痘にかかった患者に生じた膿疱や痘痂の一部を健常者に接種する人痘法を行う医師もいたが、種痘を発症して死に至る副作用の割合が高く、エドワード・ジェンナーが1796年に開発した牛痘種痘法の導入が待たれていた。洪庵自身も、人痘法で患者を死なせたことから、牛痘法を学んでいたが、当時鎖国のため、牛痘による患者の痘痂などをわが国に持ち込むことは困難であった。

ところが、嘉永2（1849）年、佐賀藩主鍋島直正（閑叟）や藩医楢林宗建らの求めにより、長崎商館医モーニケが取り寄せた痘痂が善感（接種された健常者の接種部位に発痘すること）したことから、越前福井藩の笹原良策から依頼を受けた長崎の通詞が、中継地としての京都の医師日野鼎哉の下に痘苗を届けた。

このことを鼎哉から知らされた洪庵は、日野葛民とともに上洛し、福井藩に持ち帰るまでに痘苗が効力を失った場合に備えて、大坂でも痘苗を保存しておくとの理由で分苗を依頼して、嘉永2年11月7日（1849年12月21日）、古

手町(現・大阪市中央区道修町３丁目)に予め準備していた「除痘館」で分苗を受け、大坂の種痘事業が始まった。

　大坂除痘館は、薬種商の大和屋喜兵衛と大坂町医の協力組織であり、社中の中には、原老柳や中耕介(環)も含まれており、大坂除痘館で分苗を受けて、各地で種痘事業が行われたのは187カ所、その中で大坂除痘館の関係者との繋がりが判明した70数カ所のうち、7割が洪庵の関係者、2割が原老柳の関係者、残りの1割が他の社中の関係者であった(緒方洪庵記念財団　除痘館記念資料室編集発行『大阪の除痘館(改訂・増補・第2版)』2013年)。

　洪庵は、嘉永3(1850)年郷里の足守藩の要請により「足守除痘館」を開設して、切痘を施している。

　牛痘種痘法は、蘭方医に仕事を奪われることを恐れた漢方医の妨害や、牛になる等の迷信が障害となった他、一方でもぐりの牛痘種痘法者が現れ施術の効果が疑われたことから、洪庵らは、除痘館のみを国家公認の唯一の牛痘種痘法治療所として認められるよう奔走し、安政5年4月24日(1858年6月5日)、遂に、幕府が洪庵らの天然痘予防の活動を公認し、牛痘種痘は免許制とされた。

　万延元(1860)年、除痘館を適塾南の尼崎町1丁目(現・大阪市中央区今橋3丁目)に移転。医学の研究、教育、医業の実践に邁進してきた洪庵は、文久2(1862)年幕府奥医師としての出仕要請を受け、健康上の理由から固辞するが、幕府の度重なる要請に加えて、足守藩からも勧められて断り切れず、やむなく江戸に出仕する。

　同年12月26日「法眼」に叙せられ、西洋医学所頭取にも任ぜられるが、文久3年6月11日(1863年7月25日)、江戸の医学所頭取役宅で突然喀血し窒息により死去。享年満52歳。

　人柄は温厚でおよそ人を怒ったことがなかったといわれているが、学習態度には厳格な姿勢で臨み、しばしば塾生を叱責した。ただし決して声を荒げるのでなく笑顔で教え諭すやり方で、これはかえって塾生を緊張させ「先生の微笑んだ時のほうが怖い」と塾生に言わしめるほど効き目があったとい

う。

　妻の八重は、夫との間に7男6女(うち4人は早世)をもうけ、育児にいそしむ一方で洪庵を蔭から支えた良妻であった。洪庵の事業のため実家からの仕送りを工面したり、若く血気のはやる塾生たちの面倒を嫌がらずに見たりして、多くの人々から慕われた。福沢は「私のお母っさんのような人」、「非常に豪い御方であった」と回想し、佐野常民は、若き日に受けた恩義が忘れられず八重の墓碑銘を書き、洪庵の死後は遺児の養育に力を尽くした。

　八重の葬儀には、門下生から政府関係者、業者など朝野の名士や一般人が2000人ほど参列したという。

　以上、主として、中田雅博『緒方洪庵　幕末の医と教え』(思文閣出版、2009年)、梅渓昇『緒方洪庵と適塾』(大阪大学出版会、1996年)、同『緒方洪庵と適塾生』(思文閣出版、1997年)、伴忠康『適塾をめぐる人々（第2版）』(創元社、1988年)、適塾記念会編『適塾アーカイブ』(大阪大学出版会、2008年)による。

　ところで、私は、かつて、京都産業大学法務研究科専任教授として法曹倫理の授業を担当させていただいたが、毎年1回は、わが国におけるプロフェッションの理想像の一人として、緒方洪庵の事績について考えてもらう授業を行った。

　プロフェッションの語源は、中世、さらにはローマ時代にまで遡ることができるが、近代市民社会の成立とともに、その養成を高等教育機関が担当する、医師、会計士、法曹等がプロフェッションと呼ばれるようになり、それらの専門職業が職業社会学の研究対象として取り扱われるようになった。

　公の許諾を得て、市民生活に欠かせない業務を行う以上、専門家は、彼にアクセスできない市民が出現することを避ける義務が課せられることになる。

　ノブレス・オブリージュという言葉があり、それは、イギリスの女優のフランセス・アン・ケンブルが1837年に手紙で『貴族が義務を負う(noblesse oblige)』ことに触れたのが最初の使用例であるといわれているが、この言葉

の核心は、基本的には、本人の自負・自尊に依拠するが、同時に貴族に自発的な無私の行動を促す明文化されない社会の心理の現れでもある。

　そして、この義務は、プロフェッションにも課されていると考えるべきである。

　法的な義務ではないため、これを為さなかったことによる処罰はないが、しばしば社会的な批判の的となる。第一次世界大戦で貴族の子弟に戦死者が多かったのはこの義務を守ろうとしたためであるといわれている。

　現代の欧米では、裕福な人物や著名人がボランティア活動をすることは当然とされ、しない方が特異視されやすい。「最近どういうボランティア活動をしていますか」と問われて、「何も」と答えると、地域社会に溶け込むことが困難になるといわれている。

　わが国では、漢方医や宗教家は別として、医師、弁護士、会計士等のプロフェッションと呼ばれる職業は、明治以降、海外文化の輸入により、専門職業として確立したものである。

　弁護士も、大日本帝国憲法下の国の裁可によって創設され、営業の独占を許されたものであって、第二次世界大戦後に制定された弁護士法の下でも、弁護士は、僅かな法曹人口で、法律事務を独占し、ギルド社会としての恩恵を十二分に受けてきた。

　しかし、そのお蔭で、営利主義、商業主義の影響を強く受けてしまい、責任感、倫理観の希薄な業務の遂行を行ってきた法曹が少なくないように思われる。

　しかし、プロフェッションに対する倫理的要請を考えるうえで、緒方洪庵の生き方は大いに参考となるし、まして、彼が作成した扶氏医戒之略は、法曹の基本的な倫理として座右に置き、十二分に咀嚼しておくべきものと私は考えている。

　それが京都産業大学法務研究科の授業で、1回分の講義を、洪庵と「扶氏医戒之略」の紹介にあてた理由である。

ひとこと 洪庵には、教育者として、医師として、家庭人、社会人として、ほとんど弱点が見当たらない。

　彼は、その高潔な人格や優れた能力、高い学識を、目の前の患者や適塾の塾生に対し、惜しみなく捧げ、私の利益や栄達を求めることはなかった。

　洪庵が、全国から雲集した塾生達に、自由闊達な研究を許したことによって、明治維新に際して新しい国作りを担った英才達を輩出できたのである。

　「病者の費用少なからんことを思ふべし。命を与ふとも、其命を繋ぐの資を奪はば、亦何の益かあらん」。

　弁護士報酬を考えるときに、私が常に思い出す一句でもある。

第16話　原　老柳

　幕末の浪速では、医者の番付「流行町請医師見立」が人気を博し、緒方洪庵が1840年（天保11）年開業３年目に前頭４枚目として掲載された際には、父親が大変喜んだという逸話があるが、その番付に大関として掲載されていたのが原左一郎であり、1848年に緒方洪庵が大関に上り詰めた時に、総後見の地位にあったのも原左一郎である（適塾記念会『緒方洪庵と適塾』1980年）。

　この二人は、当時、「学の洪庵か、術の老柳か」と並び称された医師であり、緒方洪庵は、原老柳を評し、「世に権門俗流に溺れる小医多し、老柳こそ真医師である」と言ったとされる。

　原左一郎は、天明３（1783）年２月13日、摂州武庫郡西宮（兵庫県西宮市）にて、父「戸田良信」、母「いせ子」の子として出生した。幼名を「金平」、初名が「強」、字は「天行」、通称は「左一郎」、号は「老柳」（以下、老柳という）。

　戸田家は、代々広田神社（西宮神社は元その末社であったとされる）の神職であったらしいとされるが、その後医を業とするようになり、祖父宗哲の代には医名が広く知られ、父良信は２代目宗哲を称したが、老柳が３歳の時に亡くなった。

　1781年から始まった天明の大飢饉は、1783年の浅間山噴火を挟んで寛政元（1789）年に及んだとされているが、老柳は、この時期、母いせ子（当時22歳）によって育てられた。

　左一郎は早熟でもあり、早く一人前にしたいとの母の願いもあって、寛政６（1794）年、数え11歳の年に元服し、同年８月（満10歳）尼崎藩医の江尻氏の塾に入るが、片道２里の塾の往復の途中、幼馴染と夜遊びをするようになり、

学費も滞納するようになる。

　寛政7（1795）年、江戸へ遊学したともされるが、寛政8（1796）年には播州加東郡木梨村（加東郡社町木梨）で「医は仁術」を実践していたとされる村上元齢に入門、翌年には生涯の友となる丹波出身の松本節斎も入門してくる。

　左一郎は、村上元齢の指導の下、節斎とともに切磋琢磨しながら腕を上げ、寛政12（1800）年5月、3代目宗哲を継承して、西宮で開業するが、文化2（1805）年、華岡青洲による曼荼羅華等を用いた全身麻酔による手術の成功の報に接し、漢方だけによる治療への疑問を抱くようになり、やがて再び放蕩が始まった。

　老柳は、医業の他に漢詩・和歌・俳諧・書に秀で、多情多感であり、母が医家戸田家の再興のため老柳にかける期待による重圧、蘭学への憧憬など、若さゆえの悩みから安らぎを求めたこと、性豪放磊落で、気儘でもあったことから、つい、好きな酒や遊里に溺れるようになったとみられている。

　母いせ子は、老柳の身持ちを固めさせるため、縁者で老柳の許嫁であった辰馬何右衛門の長女テルと文化4（1807）年結婚させ、1809年に長男鼎が、1811年に長女珠が、1813年に二女寛が生まれたが、同年春浮気がばれて、母いせ子から勘当され、家から追い出される。

　親類がお金を出し合い大坂の備後町で開業させるが、文化11（1814）年、放蕩止まず、母いせ子が医療道具一切を西宮に持ち帰る。

　この時、左一郎は老柳の号を使用するようになったが、「冬の丸裸の柳がやがて緑の若葉をまとって輝くようになる」ように自らの再生を心から誓ってのことであったろうと推測されている。

　そして、再起のためにまず蘭学修行を志願し、長崎を訪れてオランダの外科医や高名な蘭学者の下に住み込んで働き、約1年後の文化12（1815）年3月、今度は江戸に向かい、江戸でも同様に修行した後、文化14（1817）年1月故郷を目指し、同年秋、老柳は伊丹郷町で再び開業する。

　酒蔵の並んだ大通りから西の方に少し入った所にある一軒の間口は9間、奥行きは6間に4戸が入った2階建て棟割長屋の一軒に、縦25㎝の小さな檜

の板に「医所　老柳」と記した看板を掲げた。

　厳格な母いせ子は妻子を西宮に置いたまま長く放蕩していた老柳に戸田姓を名乗らせなかったため、老柳は、漢方医と併せ蘭方医をも学んだ自らの名として、父方の祖先の姓「原」を名乗るようになったが、母いせ子は、文政元(1818)年8月、死去する前に勘当を解いている。安心しての旅立ちだったであろう。

　ところで、文政6(1823)年初夏、老柳が、危篤状態となった伊丹の材木問屋の藤三郎の三女スズを診察して破傷風と診断し、適切な外科手術のうえ、的確な投薬も行った際、当時、漢方医学を学んだあと、長崎で蘭学を学び、京都で医学校「順正書院」を創立し、多くの医師を育てていた丹後国由良（現・京都府宮津市）出身の蘭方医の新宮涼庭(1787年4月30日生)が来合わせ、診断の確かさ、治療の的確さと老柳の人柄に惹かれて、意気投合し、やがて、彼の熱心な働きかけもあって、老柳は大坂の多くの医師仲間と交流を深めるようになり、文政8(1825)年大坂道修町五丁目で開業することになり、開業後間もなく、学塾「樹人洞」を開いた。その「原老柳門譜」には132人が名を連ねており、そこには、天誅組に参加した和州五条の乾十郎も含まれている。

　また、1825年に三女千枝が、1838年二男孫一郎が生まれ、広瀬旭荘との交流も始まっている。

　天保14(1843)年本因坊丈策から初段の免状をもらい、文化元(1844)年妻テル死去。

　ところで、老柳は、1832年にはすでに医師番付に登場していたが、天保11(1840)年高麗橋筋五丁目大豆葉町に転居、医師番付西大関になり、1845年には総後見の地位に上っていた。

　長く、大阪の人々から慕われた理由は「診察は確か」、「夜中でも往診してくれる」、「薬を出し惜しみしない」、「盥の水面のように心は清く、患者を平等に扱ってくれる」、「庶民の味方、老柳先生」というような評価に基づくといわれている。

　緒方洪庵が作った「扶氏医戒の略」には、「病者に対しては唯病者を見る
べし。貴賤貧富を顧ることなかれ。長者一握の黄金を以て貧士双眼の感涙に
比するに、其心に得るところ如何ぞや。深く之を思ふべし」、「病者の費用少
なからんことを思ふべし。命を与ふとも、其命を繋ぐの資を奪はば、亦何の
益かあらん。貧民に於ては茲に斟酌なくんばあらず」と医師のプロフェッシ
ョンとしての心構えが記されているが、老柳は、こうした考え方の実践者で
あり、治療費を請求することがなかったとされる。

　老柳は、伊丹で開業し始めたころから、治療費や薬代を請求することこと
がなく、診療等の礼をお金で納めようとする人には、老柳の診療所の玄関に
置かれた深さ一尺ほどの水を張った大きな盥(たらい)の中に、銭を紙で包んだうえで
入れてもらった。やがて紙は水に溶けて銭は沈むが、誰が幾ら払ったかがわ
からなくなる。小判・一分金・一朱金に混じり多くの一文銭があった。勿論、
野菜等の現物を納める人達もいた。

　弘化２(1845)年、後妻安倉キノと結婚、嘉永元(1848)年、三男米六が生ま
れる。

　ところで、嘉永２(1849)年、佐賀藩鍋島直正の注文によりオランダ商館医
モーニケがバタビアから取り寄せた痘苗が長崎に到着したことを知った越前
藩医笹原良策が、痘痂を貰い受けて越前に持ち帰るため種苗を増やすことに
専念している際、緒方洪庵と日野葛民が痘苗を絶やさないためとの口実で貰
い受けて、同年11月に開設した除痘館(後、幕府の官許を得て種痘館となる)に
持ち帰ったが、その創立の提唱に賛成、加入した者の中に老柳がいて(供忠
康『適塾をめぐる人々（第２版）』(創元社、1988年))、その後20年間にわたる除
痘館の活動は、緒方洪庵とともに、原老柳の人脈が大きな支えとなったと伝
えられている(緒方洪庵記念財団　除痘館記念資料室編集発行『大阪の除痘館(改
訂・増補・第２版)』2013年)。

　1849年老柳は、西宮の生家を建て替えたが、彼には蓄えがなく、友人・知
人が頼母子講を作ったり、資金を出し合ったと伝えられる。

　安政元(1854)年６月１日72歳で死去したが、その時、米、薪炭、薬等の掛

金や、頼母子講の多額の債務も残っていたという。

　しかし、その債務が残された理由が治療費や薬代を請求しなかったことにあることが広く知れ渡っていたため、誰一人として返済を迫ることがなく、5日に行われた葬儀には、千人を越える人々が別れを惜しんだと言われている。

　広瀬旭荘の弔辞。「此の地の医人多く、齷齪（あくせく）して利を貪る。ああ、かくの如き人あにまた見るべけんや」。

　老柳は陰徳の人であり、除痘館においても、その活動を陰で支える立場に徹していて、彼は、自ら生きた証を後代に残すことなどは毛頭念頭になく、目の前に訪れる患者に、ひたすら寄り添い続けた。

　そのため、全く忘れられたかにみえた老柳に光をあてたのは、歴史の影に隠れた人物の発掘などをテーマに執筆活動を続ける元読売新聞記者の松本順司であり、彼が著したのが『原老柳の生涯』（創元社、2002年）である。

　以上、紹介してきたところは、同書の引用によるほか、僅かに、緒方洪庵記念財団除痘館記念資料室編集発行『大阪の除痘館（改訂・増補・第2版）』2013年、適塾記念会編『適塾アーカイブ』（大阪大学出版会、2008年）による。

　ひとこと　老柳は、浪花の医師番付において総後見の地位に登り詰めることができた医師であり、洪庵は、老柳について、「世に権門俗流に溺れる小医多し、老柳こそ真医師である」と言ったとされ、また、廣瀬旭荘は、「此の地の医人多く、齷齪して利を貪る。ああ、かくの如き人にあにまた見るべけんや」と老柳のために弔辞を読んだという。

　老柳は、若い頃から多感で、早世した父宗哲の跡を継がなければならないという重圧から、放蕩に身を持ち崩すこともあったが、厳しい母親の訓育もさることながら、若い頃から何度も失敗を繰り返したからこそ、後に、蘭医の修業に打ち込むことができ、人情に溢れ、豪放磊落な医師となることができたのであろう。

第17話　小 笠 原　登

ハンセン病隔離政策に抗し入通院治療に徹した孤高の医師

　卓越した臨床医として原老柳を紹介した以上、同様の理由で、ハンセン病強制隔離に抗して、通常の入通院治療に徹した元京都大学医学部附属医院皮膚科特別研究室の医師小笠原登も紹介したい。

　日清・日露戦争に勝利し、列強の仲間入りをした日本では、醜い後遺症に苦しむハンセン病患者は国辱者であり、祖国浄化、国民浄化のため、ハンセン病を根絶しなければならないという広範囲な国民運動が起こり、国家権力もこれを後押しした（『弁護士日記秋桜』65参照）。

　すなわち、先行法令が1931年４月に改悪された「癩予防法」に基づき、浮浪患者のみならず、全患者が強制隔離、収容されることになり、施設の中では、堕胎、不妊手術を強制され、死後も、多くの患者が、本人の意思とは無関係に研究のためとして、解剖されたり、骨格標本とされ、生を絶たれた胎児はホルマリン漬けにされた。

　しかし、ハンセン病は、醜い後遺症を残すことはあっても、病気そのものは治癒でき、また、感染症ではあるが、感染力は結核より遥かに弱く、生活改善によって十分に予防することができた。

　登は、真宗大谷派の名古屋教区の圓周寺の出身であり、終始誤った政策に反対し、患者本位の医療に徹した孤高の医師であり、彼は第７話の田中一村との出会いがあったことでも知られるが、永く、詳しい評伝が発表されていなかったことが私には残念であった。

　ところが、『真宗ブックレットNo.10小笠原登　ハンセン病強制隔離に抗した生涯』（東本願寺出版、2003年。なお、同増補版2019年）が刊行され、引き続き、大場昇による評伝『やがて私の時代が来る　小笠原登伝』（皓星社、2007年）や、藤野豊『孤高のハンセン病医師　小笠原登「日記」を読む』（六花出版、2016

年)が出版され、登の50回忌の法要が営まれる機会に発行された藏座江美他
編『ふるさと、奄美に帰る』(奄美に帰る展実行委員会、2018年)にも登に関す
る記事があるなど、登の生涯を知る手掛かりも増えてきたので、以下、それ
らに基づいて紹介するものである。

　小笠原登は、1888(明治21)年7月10日、名古屋市郊外の現・愛知県海部郡
甚目寺町にある甚目寺観音の塔頭の太子山・圓周寺で、父「篤實」、母「秀
与」の三男(次男は早逝)として出生したが、彼を語る前に圓周寺と登の祖父
小笠原啓実の説明をしておきたい。

　甚目寺観音の名前で知られる甚目寺は、寺伝では推古天皇の時代597年の
創建とされており、 1610年徳川義直公により名古屋城が築城され、城下町
が整備された折りに、名古屋城守護のために設定された四観音「甚目寺
(北)・笠寺(南)・龍泉寺(東)・荒子(西)」の一つとされた。

　その所在地も甚目寺と呼ばれるが、鎌倉街道に繋がる津島街道や、関ヶ原、
不破の関を越えて京に入る道、桑名、四日市から鈴鹿峠越えで京に向かう道、
伊勢神宮への伊勢街道等が通る交通の要所で、人と物の集散地として栄えた
うえ、街道筋の大寺である甚目寺観音では細民に食物を振る舞う施場になっ
ていたことから、多くのハンセン病患者も集まって来ていた。

　その塔頭であった圓周寺は、甚目寺観音から徒歩5分くらいの所にあり、
江戸時代の終わり荒廃していたのを、尾張藩の下級武士であった啓実が再興
した。

　彼は、漢方医でもあったが、名古屋の藩医浅井董太郎にも師事したことか
ら、師の実弟山崎玄庵が、蛮社の獄でつながれた小伝馬町の牢から脱獄した
蘭学者高野長英の逃走を助けて追われる身となったのを見殺しにできず、圓
周寺に匿ったことがある。

　その時に、啓実は玄庵からハンセン病の治療法の伝授を受け、以来、得意
としてきた梅毒や淋病、るいれき、黒内障等の治療のほか、ハンセン病者に
も、食事療法、無塩食療法、浄血療法等を施すようになり、圓周寺は彼らに

食物を振る舞い、境内にむしろ小屋を建てることを許したばかりか、境内に専光舎と名付けた舎屋を設け、病者たちを自由に寝泊まりさせていた。

そして、動けるハンセン病者には、寺男や墓守の仕事を与え、伝染を恐れる手伝いの者達には、ハンセン病は決してうつらないと説いた。圓周寺境内にはハンセン病薬を処方する薬局「光照堂」があり、登の母秀与が処方していた。

登が出生した時、啓実は、「上の孫は寺の跡継ぎにするが、登は医者にしよう」と言って喜んだという。ちなみに登の兄秀實は仏教学者となり、登の弟弘は弁護士になっている。

登は、4歳の頃から四書五経等の素読を始め、やがてお経も学ぶようになる。

1894（明治27）年甚目寺尋常小学校に入学、6歳で得度、1901（明治34）年真宗京都中学入学、1905（明治38）年7月中学校を卒業し、同年8月大谷派教師資格を取得する。

しかし、高校への進学準備中に結核を発病、当時は、いい空気を吸い、安静にし、栄養を付けることだけが唯一の療法であったが、容態は次第に悪くなり、1907（明治40）年、名古屋城西側の堀端にあった好生館病院に入院し（結核菌を発見したコッホが、翌年同病院を訪れている）、3年間近い療養の間に、己の体が病に打ち勝つまでひたすら耐えるしかないと思うようになった末に、登は健康を回復する。

1908（明治41）年20歳の年に第三高等学校（大学予科）入学、1911（明治44）年卒業、同年京都帝国大学医科大学医学科入学。1913（大正2）年、長兄秀實と共に聖護院西町に居を定め、1915年（大正4）年27歳の年に京都帝国大学医科大学医学科を卒業、同医学科副手（薬物学）となるが、1917（大正16）年結核の再発で約2年間治療に専念、その後京大病院に戻った登は、1925（大正14）年37歳で医学博士の学位を授与されるとともに、医学部付属医院副手として皮膚科泌尿器科教室に転じ、1926（大正15）年38歳の年に皮膚病学徽毒学教室第5診察室でハンセン病の診察を担当するようになり、医師免許を受けて、京都

帝国大学助手となり、1928（昭和3）年には無給の医学部講師を嘱託される。

　当時は、1923（大正12）年にできたばかりの健康保険制度は極めて不完全なもので、第5診察室でも、多額の治療代を自己負担させる必要があったことに、登は胸を痛め、1927（昭和2）年に国家が国民の治療に責任を持つ皆保険制度を提唱している。

　この間、1919（大正8）年京都帝国大学医科大学医学科が京都大学医学部に変わり、1923（大正12）年田附政治郎氏の寄付により「癩特別研究室」が作られ、その後1938（昭和13）年には、ハンセン病のための基礎医学的研究室、衛生学的研究室、臨床研究室、病室等からなる「皮膚科特別研究室」（以下、「特研」という）が開設されて、治療の場が第5診察室から特研に移る。

　ところで、1907（明治40）年法律第11号「癩予防ニ関スル件」と内務省令第19号「癩予防ニ関スル件施行規則」が公布され、1909年施行。さらに、1929（昭和4）年無ライ県運動が始まり、1931（昭和6）年「癩予防ニ関スル件」が大幅改悪され、法律名も「癩予防法」と変更され、強制収容が始まるとともに、医師は「癩予防法施行規則」によりハンセン病患者の病名および住所、氏名を警察に届け出る義務を負うことになるが、登は、この時からハンセン病患者の住所をカルテに記載しなくなり、なお、この皮膚病学黴毒学教室第5診察室の伝統は特研にも引き継がれる。

　癩予防法が改悪された年、登は、論文『癩に関する三つの迷信』（診療と治療18巻11号別冊、前記『小笠原登　ハンセン病隔離に抗した生涯（増補版）』の巻末に掲載）を発表しているが、彼の指摘した三つの迷信とは、不治の病という迷信、遺伝病であるという迷信、強烈な伝染病であるという迷信であるとし、その論旨は次の通り明快である。

　不治の病という迷信は、ハンセン病によりもたらされた身体の醜状が元に戻らないために生まれたもので、病気自体は治癒できる。

　遺伝病の迷信を信ずる医師は稀であり、一定家系の人にのみ発病するように見えることからこの迷信が生まれたが、遺伝や栄養状態や家業などによる体質的欠陥を共有する一族に重複して発生することがあるに過ぎず、その可

能性も重複発生の結核性の疾患より著しく低い。

　わが国では、強烈な伝染病であるという迷信が千有余年にわたり放置されてきたが、現在の患者数は多くとも2万人にすぎないのであり、内地人7000万人の0.029%に過ぎず、この罹病率は結核と比べるとほとんど比較にならぬほど低い。

　特研開設時に主任に任ぜられた登は、1941(昭和16)年助教授となり、教授が置かれていなかったため、登が特研のトップとなった。

　当時、他の病院ではハンセン病患者に接するには、マスクや手袋、帽子をつけ、さらに、療養所においては、医師、看護師は宇宙服のような目だけを出す防護服に身を固めていたのに、登は、患者の患部を素手で触り、患者の皮下にある、当時癩菌の巣窟と恐れられていた結節や内臓を確認して、知覚神経の麻痺具合や内臓肥大の状態などを探り、患者との穏やかな会話の中で聞き取った病状も含めて、詳細にカルテに記載し、その診察時間は、1時間を超え、2時間にもなんなんとするものであった。

　診察後も、登は、リゾール液(クレゾール石鹸液)でざっと洗う程度であり、常日頃から看護師に対して、「患者の見ている前では、決して汚い物に触れたような感じで消毒してはいけない」と指導していた。

　そして、ハンセン病患者も社会生活を送りながら療養すれば足り、隔離する必要はないとの信念を持ち、就職先の世話をしたり、ハンセン病患者を出した家族に対する村八分を止めさせる等、患者が社会生活を継続できるように心を砕いている。

　患者に対する登の姿勢は、祖父啓実に始まるハンセン病患者との触れ合いの経験の中から、小笠原家の家族が体得してきた「ハンセン病は容易に伝染する病気ではない」という理解と、圓周寺の浄土(社会環境)を大事にする浄土真宗の教えがバックボーンとなっていた。

　京都帝国大学新聞(学生新聞)には、当時次のような記事が掲載されている。

　「丸ガリの頭に無精ヒゲを生やし、破けた仕事着を着けた博士は一見、失礼だが島流しにあった俊寛にも比すべきか、しかし、つつましやかな身なり

に溢れる温情をたゝへた博士はまさに聖僧という感じだ。同僚の多くが(中略)華やかな臨床方面に乗り出して行った中にあって、一人敢然と人類救治の熱意を抱いて、こゝに十数年、五十の年を迎えた今日まで妻も子もなく、あのうす汚い小舎で孜々として研鑽して来た努力には誰しも頭が下がるのを禁じ得まい。(中略)肝腎の医学部からさへも(中略)軽視されがちで、ために経費に恵まれなかったが、(中略)かゝる境地にあって一切の名利を超え薄給に甘んじて人類愛の炬火をかゝげ黙々と倦まざる博士こそ学者の中の学者でなければならない」。

　特研では、入院患者の外出も許され、看護師に引き連れられてしばしば複数で出かけている。クリスチャンの看護師であった後述の戸田看護師は、近くの若王子山の新島襄の墓に再三引率したと伝えられている。

　1941年4月から1942年3月までの特研の入院患者の1日平均入院数は約33名であり、入院費は高額であったが、登は官費での入院枠7人を巧妙に活用し、また、入院患者の付添として院内で生活させ、資力の乏しい患者にも無料で治療を施している。

　そして、特研は、「癩予防法」が改悪された1931年以降、登の指導の下で、警察に届ける義務を免れるために、入院患者のカルテに診断名や、住所、氏名を書かなくなったばかりか、警察に把握されている患者すら、院内に隔離する方法を採れば「癩予防法」の枠内に止まり、療養所送りを免れることを武器に、ハンセン病患者の隔離政策に敢然として抵抗を続けた。

　それは多くの協力者によって支えられた。

　戸田八重子は、聖公会宣教師のハンナ・リデルが設立した熊本県の私立ハンセン病療養所回春病院が日英関係の悪化のため閉鎖されたときに、同病院から特研に転職した看護師で、登の意を体して活躍した。

　看護師のなり手が少ないために、登の姉の政尾、遠い親戚の高橋茂子の他、親兄弟への仕送りのために就職してきた島まさ子が、心を込めて患者の治療にあたっている。

　登は真宗の徒であったが、浄土宗の人々も彼をよく支えており、石畠俊徳

は事務を担当するほか登の秘書的な役割も担当しているほか、二人の僧尼が志願して看護師となっている。

　特研では、リクリエーションとして、仏教行事などが行われて茶菓が振る舞われ、俳句の会などが催された他、定期的に修養会が行われており、しばしば清水寺の大西良慶住職（著書『ゆつくりしいや　百年の人生を語る』（PHP研究所、2008年）参照。）が講師を勤めていて、その際には、仏教専門学校などからも聴講に来る学生がいた。

　こうした人脈が特研の隔離政策への抵抗に対する官憲からの介入を防ぐための無言のバリアとなり、反対に、軍や大阪府なども特研に患者を送ることにも繋がったようである。

　登は、1948（昭和23）年に定年により京都大学を退職し、国立豊橋病院に移り、皮膚科の医師として勤めるが、ハンセン病患者については再診を禁じられたため、再度訪れた患者には、自らの親戚として官舎の自室で治療を行ったほか、毎週末や寺の行事の折に圓周寺に帰っていた登は、そのような機会に、圓周寺の本堂に続く板の間の仮堂に設けた診察室でハンセン病患者の治療にあたり、実費を支払えない患者には無料で治療を施した。

　要請があれば往診することも辞さず、三重県四日市市や奈良県明日香村、岡山市にまで往診に赴いた記事が日記に残されている。

　ハンセン病を引き起こす「癩菌」が発見されたのは1873（明治6）年で、ノルウェーの医師アルマウェル・ハンセンによるが、長く有効な治療法が見つからなかった。

　わが国では江戸時代頃からハンセン病の治療に大風子油が使われていたとされるが、効果は疑問とされていたもので、1943年にグルコスルホンナトリウムなどスルフォン剤系のハンセン病に対する有効性が発見され、プロミンが発売されてからは、使われなくなった。

　特研では、大風子油の他にも、京大化学研究所の堀場信吉博士（株式会社堀場製作所の創業者堀場雅夫の父親）と共同開発したハンセン病治療薬「金オルガノゾル」を、治療効果を確認しつつ盛んに使用したが、今日では、登ら

の評価は間違っていて、薬効はなかったとされている。

　登は、癩菌に感染しても、ハンセン病に感受性を持ったごく一部の人だけが発症するに過ぎないと確信し、これを「体質」という言葉で表現し、それがどのような体質なのかについて研究し、そのうえで、漢方医であった祖父に倣って、自然治癒力を高めるための体質改善を目指すことを主たる治療方針とし、食事療法に重きを置いたが、この病因論自体は、今日の免疫学や免疫遺伝学によっても裏付けられているといわれる。

　登は、戦後プロミンやプロトミン（プロミンと同じであるが商品名が異なる）などを治療に用いており、国立療養所でしか利用できなかったプロミンを、特研がGHQを通じて入手する切っ掛けを作っているほか、圓周寺での治療にもそれらを自ら購入して使用している。

　しかし、登は、その効果は限定的であると判断していたことから、生涯、厳格な食事療法の重要性を患者に訴え、その食事の制限も極めて細部にわたったために、次第に、登の治療方法は陳腐なものとみられるようになってくる。

　1955（昭和30）年、豊橋病院を依願退職、1957（昭和32）年に国立癩療養所奄美和光園の医官に就任するが、厳しい食事制限が嫌われて、登の診察室を訪れる患者は多くなかったようである。

　しかし、登は、そのようなことに頓着せず、静かな佇まいを見せ、また、和光園に収容されたハンセン病患者が連れていた子らの収容施設「青葉寮」が登の官舎の近くにあったことから、登は、名瀬の街に出かけた折には、子どもたちの土産をどっさり買い求めて来て配ったり、4月の釈迦の誕生日には子どもたちみんなと楽しんだことから、「和光園の良寛さん」と親しまれるようになる。

　前述の田中一村と共同生活を行ったのは、1959（昭和34）年のことである。

　1966（昭和41）年病に倒れて、依願退職、圓周寺に帰り、1970（昭和45）年12月12日急性肺炎で死去、副住職として葬られた。

　登の人生は、ハンセン病患者の絶対隔離政策に抵抗し続けた人生であるが、彼は、医師として、病気だけではなく、患者を見、その人生に寄り添い続けたその結果が、誤った国の政策への抵抗につながったのである。

　他方、患者を診ずにハンセン病に関心を持ち、有効な治療方法のない時代、患者を隔離し、断種させて、患者とその子孫とを断つことで、ハンセン病のない国家を作るための絶対隔離政策を国に提言し、先行法令が改悪されてできた「癩予防法」により設立された全国の療養所におさまった医師達の肝入りで1928（昭和３）年に設立された日本癩学会は、彼ら自らを「診療所派」とし、国立大学の医師達を「大学派」として向こうに回し、ハンセン病の治療の現場である診療所の運営を独占し、内部で強固なヒエラルキーを築いていった。

　その頂点が光田健輔であり、診療所派は、プロミンの効果を認めず、今次世界大戦の終結時には、海外に派兵された軍人が癩菌を保有して帰国し、国内で発病する「軍人癩」は１万7000人に達するとして、それらの患者の収容隔離の準備の必要を訴え、さらに、朝鮮戦争に際しては、朝鮮半島にいるハンセン病患者２万人ないし２万5000人が年々日本に移動しておりすでに700人に達しているとして、「韓国癩」の厳重な取り締まりを訴え、戦後も引き続き、絶対隔離政策を拡大させようとして、盛んに活動したが、帰国軍人のハンセン病の発病問題は杞憂に過ぎず、韓国のハンセン病患者の密入国問題も何の根拠も伴わない単なる風評に過ぎなかった。

　絶対隔離政策を推進した者を紹介、批判することは本稿の目的ではないが、光田健輔を中心とする診療所派が、自分達の専門家としての権威を守り、独占的にハンセン病に関わることで影響力を広げ、自分達の社会的、経済的地位を確保するため、ハンセン病患者の人権を踏みにじったことだけは、日本医学の歴史上の一大汚点として、私達は決して忘れてはならないと考える。

　その意味では、ハンセン病患者の絶対隔離政策に抵抗し続けた小笠原登は、診療所派の医師にとっては最大の敵であったことから、1941年11月14日に開かれた第15回癩学会総会における論争で、彼は、敗者としての不当な烙印を

押され、学会での影響力を失うに至った。

　その時、登は、自分が学会で葬られたことを嘆くのではなく、ハンセン病患者に対し、彼らを守ることができなかった非力を謝罪して、次のような歌を作っている。

　　もろ人の　その真心に報い得ねど

　　　　我戦えり　赦し給えや

　この時の、引き続き医師として歩み続けようとする登の境地は、優れた宗教家として知られた兄秀實が残した次のような歌に近いものであったろうと思われる。

　　足あとの残らば残れ　足あとの

　　　　消えねば消えね　ひとり旅ゆく

　ハンセン病問題を考える際には、そのあとも初志を貫徹して、ハンセン病患者の身になって人生を捧げた彼の存在が、私達に僅かな慰めを与えてくれる。

　最後に、母親の実家が甚目寺町にあったことから、その勧めで、登と出会った、京都大学医学部の学生大谷藤郎について言及しておきたい。

　彼は、登から特研の手伝いを頼まれて経験を積み、後に厚生省に入り、医務局長を務め、ハンセン病患者の療養所での生活の改善に尽くすが、後にハンセン病患者が提起した国家賠償請求訴訟において、証言台に立つ。

　原告、被告の双方から証言を求められた彼は、「どんな質問をしていただいても結構です。自分が覚えている真実のすべてを正直に申し上げます。何を質問されても構わない」と言って、双方からの事前の打ち合わせをいずれも断り、法廷において、終始、良心と記憶に従って、毅然と証言した。

　こうして、大谷藤郎が登から受け継いだ思想と実践とが、原告が勝訴判決を得るうえでの大きな原動力になったのである。

　登の足あとは、見事な成果を導いたのである。

> 🌸 **ひとこと**　日露戦争に勝利し、大国の仲間入りをしたと勘違いしたわが国の国民は、ハンセン病の醜い後遺症を有する元患者を国辱ものと考え、癩菌を有する患者共々強制隔離し、断種、不妊手術、堕胎により根絶やしにしようとした。
>
> 　これを、癩の専門医が後押しし、国に働きかけ、癩予防法を改悪させ、全国に施設を建設し、自分達が支配した。
>
> 　こうした動きに敢然と逆らい、患者が社会生活を継続できるよう心を砕き、孤軍奮闘したのが登である。それは、自らを、癩予防法違反による処罰の危険に晒すことでもあった。
>
> 　登の日記には、それを危惧した痕跡も残されているが、彼にも迷いがあったということが、私達が自ら正しいと思う道を実践しようとして、刑責や社会的制裁を恐れる局面で、私達の背をそっと押してくれるような気がする。

第18話　佐倉　惣五郎

苦しむ農民のために命を投げ出して籠訴に及んだ義民

　小笠原登のような医師や聖職者、貴族や弁護士らと同様に、わが国の江戸時代の名主もプロフェッションであったと考えることができる。

　江戸時代、代官や郡奉行の指揮を受け、村落の管理運営にあたった者が、名主、組頭、百姓代であり、彼らは村方三役ないし地方三役と呼ばれたが、中でも、名主は一村の長で村政を統轄し、世襲とされることが多かった。

　彼らは、支配組織の中に組み入れられる一方で、農民の代表でもあったため、飢饉の際の過酷な年貢の徴収や、藩主の農民政策が苛斂誅求を極めたような時には、村人の代わりに命を捧げることもあった。

　江戸時代における百姓一揆は6889件を超えるという研究発表もあり、慶長14(1609)年に常陸水戸で重課に反対して代官、手代を殺した農民が、一村ことごとく殺害されたのは特別の例外であろうが、村民の身代わりとして、百姓一揆を指導した名主や組頭が非業の死を遂げた例は少なくない。

　たとえば、寛文4(1664)年に伊予西条で発生した多数の村が団結して起こした百姓一揆では、30人の頭取と名主とが死罪となっている。

　しかし、死罪に処せられたり、磔になった者は、死後も長く祀ることを禁じられることが多い一方、故人を慕う人たちによって伝説が作られていくために、急速に、生身の実像が希薄となり、遂には、実在したのか、伝説に過ぎないのかすらわからなくなってしまうことが多い（後閑祐次『磔茂左衛門沼田藩騒動』(人物往来社、1966年)、刃木幸男『磔茂左衛門一揆の研究』(文献出版、1992年)、田靡新『播磨寛延一揆　滑甚兵衛の反逆』(成星出版、1997年)、能登路定男『幻の義民　竹松宗六の生涯』(立花書院、1993年)参照)。

　佐倉惣五郎も、今なおそのような論争の対象となっているが、①堀田氏が支配していた時代、承応3年に近い時代に、農民の年貢を小割するために行

163

った土地の測量結果を農民別に書き上げた「名寄帳」に台方村（承応3年に5村に分村となる前は公津村）の惣五郎の名が記載されていること、②一緒に綴られた検地帳の中にも惣五郎の名がある等、事績はともかく、実在性が確認できること、③承応3年の公津、台方村の年貢割付帳の発見により、寛永19（1642）年に堀田正盛が佐倉に入封して以来、年貢率の増加はさほど多くなかったものの、年貢量が逐次増加しており、その合理的理由が見出せないことに照らせば、村の収穫高の水増し評価があった可能性が少なくないこと（鏑木行廣『佐倉惣五郎と宗吾信仰』（崙書房出版、1998年））、④さらには、1715年に成立した『総葉概録』（佐倉藩主稲葉正往の命により藩儒磯辺昌言が編纂）には、堀田氏時代に公津村の「総五」が何らかの罪によって処刑されたこと、「総五」が冤罪であると主張して城主を罵りながら死んだこと、堀田氏の改易（1660年）が「総五」の祟りとみなされたこと、このために「惣五宮」という祠が建てられたこと等が記載されていることなどから、佐倉惣五郎が存在し、義民として立ち上がったことを肯定する説が有力である。

そこで、まず、村人のために生き、伝説の向こうに霞みがちな惣五郎の物語を、歴史の裏側に埋没してしまった多くの地主達の代表として紹介してみたい。

惣五郎は、1612（慶長17）年に、千葉重胤の元家臣で主君の死を悲しみ、武士を捨てて、下総国印旛郡公津村に住み着き、農民となって印旛沼の開墾を志していた父「木内源左衛門」の長男として出生し、成長して、代官と名主の中間の立場とされ、士分に準じる割元名主となった。

惣五郎は、1644（正保元）年の大飢饉の際に私財を投げ打って救助米を施して、藩主堀田正盛から苗字帯刀を許されたが、翌年うち続く凶作のために農民たちが一揆を企てた際に、藩に救済方を申し出た時は、入牢の憂き目にあっている。

堀田正盛は1651（慶安4）年、家光の逝去に際して殉死し、嫡子堀田正信が家督を相続したが、江戸在府のため藩政を国家老に任せていたところ、彼ら

は、裕福な商人や農民から冥加金を徴収し、年貢米の増税を実施したほか、寺社税、人頭税始め計29種に及ぶ重税を課し、過酷な取立てを行った。佐倉領の農民たちは名主総代の名義で幾度も減税を求めたが、取り上げられず、1652（承応元）年秋の暴風雨がもたらした凶作による村々の荒廃は目も当てられない状況であった。

このため、389カ村の人々は百姓一揆のために集まったが、惣五郎の慰撫で思いとどまり、名主総代に一任することになったものの、惣五郎が各村の名主総代と対策を協議することを知った藩庁は、名主に回状を回して訴えごとをなす者は厳罰に処すると牽制した。

そこで、脱落した村を除く305カ村の名主たちが出府、江戸和田倉門の堀田上屋敷に出向いたが、強訴に及ぶとは不届千万、この度だけは咎めだては致さぬとして、嘆願書を却下された。

持病のために遅れて出府した惣五郎は、名主等と相談し、幕府に上訴するしかないと、公明英才との呼び声の高い久世大和守の駕籠先への訴えに及んだうえ、何分の沙汰を待つため、惣五郎以下6名の名主が江戸に残り、他の名主は帰国したが、惣五郎らは大和守に呼び出されて、他家の内紛にかかわる筋合いはない、重ねての訴えは無用と固く申し渡されてしまった。

惣五郎らの行いを知った国家老らは、帰国する名主たちを召し取るべく手配し、佐倉藩の村々は荒れるに任せる状態であったため、6名の名主は、惣五郎が一人で将軍家に直訴する、他の5人は惣五郎が失敗した場合は、惣五郎に代わって初志を貫徹することを申し合わせた。

将軍家に直訴する以上は、再び故郷の地を踏むことはできないし、家族に後難が及ばないように後始末をしておく必要があったことから、惣五郎は単身密かに帰郷し、妻子と涙の対面のうえで、妻きんを離別し、再び江戸に出た。

惣五郎は、かねて昵懇の上野東叡山凌雲院の僧の手引きで1652（承応元）年12月20日東叡山入り口前の三枚橋のほとりに身を潜め、やがて12歳の将軍家綱が後見職の保科肥後守正之を従えて通りかかるところへ駆け寄り、訴状を

差し出し、訴状は保科正之の手に納められたが、惣五郎は縄を打たれ、身柄は寺社奉行目付役を通じて、佐倉藩主堀田正信に引き渡され、成敗を一任された。

　国家老の巧弁に惑わされた正信は、5人の名主総代に佐倉領10里以内追放闕所を言い渡し、惣五郎を磔、子ども4人のうち3人は女であったが、全員男ということにして死罪を言い渡し、1653(承応2)年8月3日(1説には9月24日)、彼らは公津ケ原刑場の露と消えた。なお、『地蔵堂通夜物語』(勉誠社、1996年)では、惣五郎の妻きんも、磔になったとされている。

　成田市の東勝寺(宗吾霊堂)によれば、東勝寺の澄祐和尚が刑場に遺骸を埋葬したといい、それが寺地内の現在「宗吾様御廟」が建立されている場所であるという。

　一方、惣五郎の訴状について評議を重ねた月番老中は、江戸城内の殿中で諸役列座のうえ、堀田正信に対して佐倉領内の減税を申し渡し、惣五郎の一念は果たされた。

　以上、主として、前掲『佐倉惣五郎と宗吾信仰』の他に、長田彦次郎『実説佐倉宗吾伝』(宗吾霊堂、1967年)、児玉幸多『佐倉惣五郎(新装版)』(吉川弘文館、1985年)などによる。

　惣五郎が江戸から一時佐倉に舞い戻った際、印旛沼の吉高の渡し場には渡し守の甚兵衛がいた。彼は若い頃手の付けられない道楽者であったが、大病を患い、惣五郎に助けられたことがあった。佐倉藩では6人の名主を捕えようと、暮れ六つになると渡し場の舟を鎖で繋いで封印していたが、甚兵衛は惣五郎を船に乗せて鎖を断ち切り、吹雪の闇に包まれた沼を漕ぎ渡り、北須賀の水神の森の船着き場(俗に甚兵衛渡しといわれている)に惣五郎を送り届けたうえ、不浄役人の手にかかるよりはと、印旛沼の水中に老いの身を投じて果てたという。

　それから約60年後に記された前記の『総葉概録』には、すでに伝説となりつつあった宗吾の話が併せて記されている。

　その後、さらに約30年後の1746(延享３)年、佐倉藩主として入封した堀田正亮(正信の弟である堀田正俊の子孫にあたる)が、将門山(現在の千葉県佐倉市大佐倉)に惣五郎を祀り「口の明神」と称し、また、1752(宝暦２)年は惣五郎親子の百回忌の年であるとして口の明神を造営し、「涼風道閑居士」の法号を諡(し)して、以後春秋に盛大な祭典を行った。

　1791(寛政３)年には堀田正順が惣五郎に徳満院の院号を送り、石塔一基を寄進。1804(文化３)年には堀田正時が惣五郎の子孫に供養田を与えた。

　こうして、惣五郎を佐倉藩堀田家が公認したことで、18世紀後半に、惣五郎物語の形成がさらに進むことになった。『宗吾記』が書かれたのは1754年頃、『地蔵堂通夜物語』が成立したのはその頃以降とされ、やがて『堀田騒動記』や『佐倉騒動記』が書かれている。惣五郎伝説が最初にかかった芝居は、1851(嘉永４)年の江戸中村座の「東山桜荘子」で３代瀬川如皐の作、翌年には道頓堀の武田芝居「花雲佐倉曙」で、佐久間松長軒、登与島玉和軒が自作自演、以後盛んに上演され、今日に至っている。

　ちなみに、私も高校生時代に全国労演連絡会議の企画で徳島県を訪れた前進座による「宗吾義民伝」に感激したことが、今でも忘れられない。いずれも前進座の創立メンバーである三代目中村翫右衛門が惣五郎役、五代目河原崎國太郎(随筆『女形の道ひとすじ』(読売新聞社、1979年)参照)がその妻おさん役であったと記憶している。

　インターネットで検索すると、2019年５月11日から22日までの間、前進座五月公演として、「宗吾義民伝」が、嵐芳三郎が惣五郎役、五代目の祖父を襲名した六代目河原崎國太郎がおさん役で、国立劇場において上演されている。

　古希を過ぎた私が、いつか今後の公演の際に再び観劇し、高校時代の思い出にふけるのも一興ではなかろうかと考えている。

　　ひとこと　割元名主であった惣五郎は、佐倉藩内の305カ村の名主の代表として、時の将軍綱吉への籠訴に及び、家族とともに磔となり、公津ヶ原刑場の露と消えたとされるが、事実と創作とがない交ぜになって今日に伝えられ、正確な事実を知ることはできない。

　しかし、江戸時代に多くの農民一揆や、強訴その他の方法による抵抗運動が繰り返され、指導者である名主がその都度処刑されたことは史実であり、その総数は膨大な数に上る。

　逃げるに逃げられない立場に立って、地域のため犠牲になった多くの名主達の心情に思いを馳せながら、彼らの冥福を心から祈りたい。

第19話　中 村　輿 次 兵 衛

新田開発のために寺ヶ池とその井路を構築した名主

　名主の中には、新田開発等に取り組んで、村の発展のために尽力した人々もいる。

　あるいは、耕作地を広げて村を豊かにするために、あるいは、村の田に必要な水の量が慢性的に欠乏して絶えなかった水争いをなくすために、名主が領主に陳情して開発を請け負い、自らの私財も投入して池を作ったり、井路を作るなどして、新田開発を行った。

　江戸時代初期に、私の住む現在の河内長野市の上原村の名主であった中村輿次兵衛勝直（出家後は祐和と称した）もまたその一人であり、彼は1600（慶長5）年または1601年生まれとされる。

　輿次兵衛が市村新田を開発するために構築した寺ヶ池とその井路は、今日なおその機能を維持し、同市の農業を支えている。

　河内長野市は、底辺が東西に広がり、北が頂点に当たる三角形の形をしていて、東側は金剛山地、南側は和泉山脈、西側は河泉丘陵に囲まれ、市域の南より北に向かって、西側から順に、石川、加賀田川、天見川、石見川が流れ、順次、石川に合流して、北方に隣接した富田林市に向かっている。

　石川水系は河岸段丘が発達し、市内で最も大きな流域を持ち、早くから、石川の上流から取水する井路がいくつも開かれ、次第に段丘の上方に向かって田畑が開かれていったが、市域の北部、小山田村（旗本三好氏領）と市村（膳所藩領）の境にあった当時の寺ヶ池は小さく、石川下流の河岸段丘の上の方にあった一帯には、水を供給することができなかった。

　そこで、中村輿次兵衛は、石川から引かれ、河内長野市の中心部を灌漑していた従来の井路の取水口よりさらに上流から取水して取り込むことで、寺

ケ池を大きな溜池とし、それを水源とすることにより、池の北側に位置する
市村の荒地・妙法寺平（現・千代田駅北側）に、市村新田を開発することを計
画し、膳所藩の領主である石川主殿頭忠総に提案し、構築許可を得て、自ら
棟梁として実施したものである。なお、與次兵衛の家は中世以来の土豪であ
ったとされている。

　河内長野市一帯を江戸時代初期に支配した領主には、幕府代官の他に、近
江膳所藩石川氏、和泉陶器藩小出氏、地元狭山藩北条氏、旗本の三好氏、甲
斐荘氏らがいたのに加えて、観心寺領や金剛寺領までであった（河内長野市史編
集委員会『河内長野市史　第2巻本文編』（河内長野市、1998年））が、狭山池に関
係したのは、旗本三好氏と膳所藩石川氏であった。

　旗本三好氏領は、寺ケ池の拡大によって1町1反4畝1歩失地するので、
替地として3割増しの1町6反18歩の替地が、現在の楠町付近にあった同領
内の小山田村に渡されている。

　その際、膳所藩役人は小山田村の名主衆との間で、池水を分水すること、
池の堤が切れて田地が損じた場合にはその年の収穫米を弁償し、田地の損所
も直すことなどの申し合わせをしている。寺ケ池の構築と市村新田の開発に
は膳所藩も指導性を発揮したといえよう。

　滝畑のあげ口から寺ヶ池までの井路の構築と寺ヶ池の改修は、1633（寛永
10）年から1649（慶安2）年の16年間にわたって行われ、この工事には延べ4
万人が携わったと伝えられている。

　池の東と西は、自然の丘陵を利用しているが、南と北には新たに堤防を構
築し、北堤は長さ約126mで高さ15m、南堤は長さ約77mで高さ13mであった。
そして池の規模は、東西約250m、南北約650mで、周囲約2.2Kmに及ぶ河内
長野市内最大の溜池である。

　ちなみに、貯水量は、約60万トンで大阪ドームの500杯分といわれている
が、川の水を貯めているのではなく、井路から導いた水を貯めている点に大
きな特徴がある。

　ちなみに、これだけ大きな池に流れ込む川のないことを不思議に思ったこ

第
19
話

とから、私は中村輿次兵衛に辿り着いたのである。

　水源は、池より南西に約8.5Kmの地・滝畑と日野の境に求め、そこから井路により寺ケ池に水を引き、さらに寺ケ池の池尻から延びる２本の井路が枝分かれしながら、市村新田を潤している。

　こうして中村輿治兵衛により構築されたのが、総延長約13.8Km（ちなみに、南海電鉄の河内長野駅と中百舌鳥駅との距離は13.9Kmである）に及ぶ「井路」である。

　なお寺ケ池は、赤峰台地が切れる北の端に構築されている。そして井路は、赤峰台地の東を寺ケ池に向かって走っている。自然が作り出した２Kmほどあるこの象の鼻のような形状の台地が、井路の構築に大いに役立ったのである。

　水は、早く流すとすぐに崩れや水漏れを起こすために、井路の傾きを緩く、また一定にすることが好ましいので、井路の構築のために夜間に提灯を燈して土地の高低差を測り、井路の通り道を決めたといわれている。

　また、当時、セメントはもちろんなかったから、石垣と粘土により水漏れを防ぎながらの作業であった。

　さらに、井路の通り道に障害物を避けられない場合には、岩盤を穿って堀貫を設けたり、谷では迂回したり、通水橋を架ける等して水を流したほか、サイフォン（障害物の上を通す）や逆サイフォン（障害物の地下を流す）など、様々な工夫を凝らしている。

　寺ケ池からの取水部分には、常に、米作に適した水温の高い池の表面から取水するために、尺八樋が使われたが、これは片桐且元が狭山池の慶長の改修（1608年）の際に考案して採用したものと同様のものであったとされている。

　この井路が完成したことにより、引き続き、約55町（約16万5000坪）の市村新田を開墾することができ、さらに、その後の開墾により、やがて総開墾面積は約67町に拡大している。

　毎年８月から翌年２月までの間に通水し、寺ケ池を満水にする。３月から寺ケ池への通水を停止し、田に水を引く季節が到来するまでの間に、水さら

えや池さらえ、井路の改修等の整備を行い、その後放流を開始するが、寺ヶ池への通水は、石川から取水する他の井路のために、7月まで引き続き停止を続ける。

　寺ケ池用水の利用については、村中評議の上で「寺ケ池用水法度」が定められ、渇水期の通水の順序や量も定められた。

　また、村役人の名で、次のような掟が出されている。

一　寺ケ池の土砂留めの杭より内側は開墾しないことを固く守ること

一　弁天山(寺ヶ池の西側中央付近)の立木はもちろん下草なども刈ってはならないこと

一　池の水落としについては係の者以外樋に一切手をかけないこと

一　池の水をむやみにとらないこと

　市村新田誕生の功績により、1652(慶安5)年5月、與次兵衛は、膳所藩の河内の永代郷代官に任じられるとともに、市村新田に屋敷を与えられた。そして上原村は長男・多郎兵衛に任せ、次男・與次兵衛勝長とともに市村新田に移ったが、その屋敷は南海電鉄・千代田駅そばの菱子池付近にあったと伝えられている。

　隠居した與次兵衛は、極楽寺に入り、「裕和」と号し、1670(寛文10)年に没している。今でも與次兵衛の功績を称え、命日の8月5日に、中村家と寺ヶ池水利組合や極楽寺によって法要"ゆあんさん"が執り行われている。

　以上、主として、前掲『河内長野市史　第2巻本文編』、河内長野市編集発行『図説河内長野市史』(2010年)、河内長野市教育委員会編集発行『井路』(2009年)、同『西代藩陣屋跡』(2012年)による。

　寺ヶ池の築造約240年後の1888(明治21)年3月に、地区の農民の有志が池尻に建てた興治兵衛の顕彰碑「祐和碑」には、「寺ヶ池の築造に際しては、水脈の便を調査し、300里(約12km)南方で取水したこと、市村新田を開くにあたっては、茨を薙ぎ、石を砕き、丘を崩し、地を穿ったこと」が記されたうえで、そのことによって、「民はひでりにも安んずることができ、そのこ

とは今日にも及んでいて、水路や寺ヶ池は完全で、地味は十分に肥えていて、水の力は顕然としている」と刻まれているが、元中村家の前にあったものを移設したとのことである。

なお、1870（明治3）年に小山田村庄屋の西端利兵衛が、河内長野市旭ヶ丘の高向保育園の裏にトンボ池（旭ヶ丘）を築造し、赤峯地域、現在の千代田台まで水路を築いて、赤峯新田約15町（約45000坪）、広野新田約7町（約21000坪）の新田を開いた際にも、和田輿次兵衛が尽力したとの言い伝えがあるが、興治兵衛死後のことであるから、それは誤伝である。

なお、付言するに、17世紀後半にも、市村新田の周辺に、茱萸木新田、狭山新田、錦織新田、西山新田なども開発されており、世の中が安定して農業生産高が爆発的に増加した時代を映している。

ともあれ、輿次兵衛のために石碑が建立されたこととともに、前記のような誤伝までが残されたこと自体、市村新田の開拓により、彼が当時の農民からいかに感謝されたかということを物語る証左であるといえよう。

ところで、江戸時代に全国で盛んに行われた開墾に際しては、新川や池、あるいは井路などのために失われた田畑を耕していた農民には替地が与えられないのが通常であり、開墾のために失地した農民は、新田開発請負人に代価を支払うことができた一部の者は別として、土地を離れるか、小作人として新田に移住できたにすぎなかった（第20話参照）。

しかし、寺ケ池の構築の場合には、失地した小山田村（旗本三好氏領）はそれを上回る替地を得、市村（膳所藩領）には従前の100倍の収穫が得られる新田が得られたのであり、結局失地した農民が存在しなかったという意味でも特筆されるべき事業であった。

これに対し、鴻池新田で有名な大和川付替え工事は、少しでも失地した村は40カ村に及び、その耕作面積は約270ヘクタール（約272町歩）であったが、替地は与えられず、失地した農民は、新田の小作人として生きるしか道はなかった。

しかも、旧川筋や湿地帯の新田開発者は入札によって決められ、大和川の

場合には、町人請負、寺院請負、農民寄合請負などによって開発が行われたが、落札金額の合計は3万7000両で、開発面積の多い町人請負の場合は、営利を目的としており、落札金額とその後の年貢米は、小作人から収奪されたのである（北田敏治『大和川』（創芸出版、1984年））。

　ちなみに、大和川付替え工事に伴い開発された新田は、付替え工事後5年間で1050ヘクタール（約1060町歩）であったが、その内、鴻池新田の開発面積は約119ヘクタールであったとされる。

　こうした営利を目的とする新田開発とは異なり、興次兵衛や坂本養川（第20話）と同様、江戸時代の名主が行った治水事業や新田開発は、純粋に村々のために、私財を投じて行われることが少なくはなかったのである。

❀ **ひとこと**　名主が村人を助ける方法としては、田畑の開拓や、そのために必要な用水路の建設があった。

　中村興次兵衛は、私が住む河内長野の地形を巧みに利用し、私財を投じて、総延長13.8kmの「井路」（用水路）を築き、小さかった寺ヶ池を周囲2.2kmまでに拡張し、総開墾面積67町歩の市村新田の開発に貢献した。

　こうした農民請けの用水路や池の工事にあっては、町人請けの場合と異なり、用水路や池底の対象となる土地を失う者には、開発された新田を替地として与えることで補償がなされることが多く、市村新田の場合も同様であった。

　今日なお、命日には「ゆあんさん祭り」が執り行われている興次兵衛もまた河内長野の誇りでもある。

第20話　坂　本　養　川

新田開発のために八ヶ岳連峰西側一帯に汐を築造した名主

　中村輿次兵衛が河内長野市内で井路を構築して寺ヶ池を築造したことにより開発された市村新田は約67町歩であったが、八ヶ岳連峰の西側一帯の汐（この地方では農業用水路、堰、あるいは疎水のことを汐と呼ぶ）を築造または改修したのは坂本養川であり、主な汐筋だけでも312町歩の田畑が恩恵を被っている。

　坂本市之丞は、享保21年3月15日（1736年4月25日）に信州諏訪郡田沢村の諏訪藩（高石藩ともいう、以下略）3万石の城下に、名主である父「甚兵衛」と母「こう」の子として生まれ、幼名は太郎、1781（天明元）年頃から、養川の名を用い始めた（以下、養川という）。

　1751（宝暦元）年、父の死亡により家督を継いで、名主となり、1755年タエを妻に迎える。

　山浦地方と呼ばれている八ヶ岳西側の山麓一帯は、幾筋もの深い谷と高い尾根状の台地とが、手の平を広げたような地形を作っており、かつて神野と呼ばれ、諏訪神の御狩場として、鍬を入れることも、人が入ることも許されなかった地であり、その後許されるようになってからも、台地上は水利の便が悪く、水田を作ることが困難であった。

　すなわち、東側に聳える2000m以上の八ヶ岳の西側を水源とし、逐次、茅野市の西側を流れて諏訪湖に注ぎ込む宮川に合流する、多くの河川は、いずれも急流であり、流域に水を貯める施設に乏しかったこともあって、山浦地方にある田畑に十分な水を供給することはできなかったのである。

　それでも、江戸時代には、八ヶ岳山麓に70余りの新田村が成立していたとされるが、元禄以降は、開発適地に限界が生じ、水さえあれば開田できる空閑地はまだまだあったものの、山浦地方の柳川の流域から立場川の流域にか

けての広大な台地は、水利がなく草刈場として放置されていた。

そして、この地方では、水をめぐる争いが絶えず、宝暦6（1756）年には、畑を水田にすることが禁止されている。

1764（明和元）年、養川は田沢村の入れ札で名主に返り咲いたが、田沢村周辺の多くの村では水不足が慢性となって、新田潰しや水盗みが頻発し、汐の上流と下流との水争いも絶え間がなかった。

養川は、父の影響により、現状打破のための汐開削や新田開発に関心を抱いていたことから、早くから、尾張、美濃、近畿一帯を旅し、土地開発の実状を見聞している他、新田開発の修業をしようと、諏訪高島藩の許可を得て、江戸に出府し、紀州流の河川普請技術を伝授する「河川規矩術指南所」に入所し、元紀州藩勘定役人の田島文次郎と幕府勘定奉行所から派遣されていた安川兵左衛門から指導を受けている。

やがて、江戸で関東平野の開発計画に加わるなどして、新田開発の技術も修得したが、1773（安永2）年、江戸で天然痘が大流行して、自らも感染した機会に、帰郷するに至る。

そして、相変わらず、水不足のために争いが絶えない諏訪地方の農民達を救うために思案するうち、山浦地方に汐を設けることによって、北東部の河川の余水を順繰りに南西部の原野へ送るだけでなく、河川同士を結ぶことによって、複数の河川の水量を平均化したり、田畑の多い地域を流れる河川の流量を増加させることを思いつく。

養川は、この構想を「山浦通水廻し」と呼んだが、後世の人々は「繰越しの水」と呼んでいる。

こうして、養川は、2年をかけて八ヶ岳山麓の調査や測量を行い、用水路網を構築するという一大水利事業計画を立案し、1775（安永4）年に諏訪藩（高島藩ともいう）家老である諏訪頼保（通称・諏訪大助）に計画書を提出した。養川は、これにより、4000石の米作が可能となり、そのうえ、諏訪湖の湖尻をさらに掘り下げて4000石を開拓すれば、合計8000石の増収となるとみた。

しかし、藩主・6代諏訪忠厚は江戸城留守居役の役務のため諏訪へ帰郷す

ることが少なく、藩政は家老任せで、自ら顧みようとはしなかった諏訪藩の混乱期であったことから、容易に許可が得られなかった。

養川は山浦地方の模型を作って、柳口の役所に説明に出向いたり、郡奉行・両角外太夫の実地見分を実現したりしたが、計画の採用に至らなかった。逆に、湯川や芹ヶ沢の水元の村々では、自分達の水利が侵されると危惧して、養川の暗殺計画を図る者まで出現した。

信州に百姓騒動が起きた1777(安永6)年とその翌年にも、養川は願書を提出しているが、その都度却下されている。

江戸時代、信州の百姓一揆・騒動は200件ほどあり、全国一の発生件数で、中でも1761(宝暦11)年の上田藩の宝暦騒動では、1万5千人が城下に強訴し、特権商人や庄屋などを打ち壊し、農民2人が死罪、名主は永牢に処せられている。

1779(安永8)年6月5日、諏訪大助が失脚し、一旦千野兵庫が実権を握ったが、賄賂の件は「風説」とされ、大助は、「御叱り」を受けて閉居を命ぜられるだけの軽い刑に終わった。

ともあれ、諏訪藩の内紛(二の丸騒動と呼ばれている)が一時小康を得た機会に、養川は、またも「原山一統の開発并水回しの願帳」を提出し、それには、願意のみならず、これまでの経過、各村の増加石高の見積もりをも詳述している。

1780(安永9)年、またも養川は村人の入れ札で名主に選ばれて多忙を極めることになる。

その後、諏訪大助は一度復活したものの、結局、1783(天明3)年7月切腹を命ぜられ、連座した者も4名が打首、約70人が親類お預け、知行取上げ、隠居減俸等の処分を受け、藩主頼保も隠居し、さしもの二の丸騒動も最終決着をみている。

こうして、7代藩主諏訪忠粛の時代になり、二の丸騒動終息後、諏訪藩は、多年の財政難のうえに、この事件の失費と天明3、4年の大凶作で、養川の計画に期待するしかない状況に追い込まれていた。

　養川が、1785（天明５）年２月に郡奉行所に汐開削の具体案をまたも献策したのに対し、同年３月諏訪藩の御用部屋は、養川の献策を全面的に採用することを決めたのである。

　初回献策から11年目のことであった。

　最初に手掛けられたのが「滝之湯汐」の開削で、関係諸村の協力を得て養川の案内で大見分が行われたうえ、３工区に分けた仕様書帳と工事請負入札の御触れが回った。

　養川と弟の平左衛門がそのうちの１工区を落札し、７月３日が御普請始め、以後昼夜兼行の突貫工事であった。一部に既存の汐、佐五右衛門汐や横谷汐等の既存設備も取り込んでいたが、２カ月半後の10月３日には、崖の中腹や岩を穿った隧道を流れ下る全長13.5kmの「滝之湯汐」が完成し、10月17日、大検分役等や家老千野兵庫以下重臣達も臨検して、完成した新汐は、現在の茅野市湖東や豊平の西部計88町歩の田畑を潤すことになった。

　養川は、1786（天明６）年に母こうを失ったが、この年、約17kmの「一ノ瀬汐」の改修と約3.4kmの「坪之端汐」の改修を行っている。その後行った1791（寛政３）年の約4.25kmの『鳴岩汐』（以下、汐名を『　』で囲むのは、水量調節のために川と川とを結んだ汐である）と、1801（寛政13）年の約９kmの「柳川三ケ所村汐」（現「柳川五ケ所村堰」）の改修と併せ、これらの汐が、現在の諏訪郡原村の95町歩の田畑を潤している。

　また、養川は、1792（寛政４）年に約12.4kmの「大河原汐」を開削し、この汐は、茅野市玉川の66町歩を潤すとともに、柳川とも結ばれている。

　さらに、養川は、1792（寛政４）年に約7.6kmの「立場川乙事汐」、1793（同５）年に約6.4kmの「千ケ沢新汐（小六汐）」をそれぞれ開削し、これらの汐は、諏訪郡富士見町の63町歩を潤している。

　以上に紹介した他にも、養川は、『塩之原汐』、873mの「矢戸倉汐」、三つの『相之倉汐』、『車沢汐』、約2.6kmの「棚田汐」、約６kmの「鬼場新汐」、約2.4kmの『程久保汐』を築いている。

　養川は、当初は請負人として仕事にあたったが、後には汐役人に取り立て

られ、1796（寛政8）年に妻をタエを失った後、1801（享和元）年に小鷹匠として藩士となり16俵2人扶持と抜高（免祖地）15石を与えられるが、水利事業のために身銭を切ることが多く、常に火の車であったという。

　没年は文化6年3月2日（1809年4月16日）であった。

　養川の汐は、山浦地方に膨大な水田を生み、その生産の恩恵は後世に及んだが、残念ながら旱魃（かんばつ）時にはやはり水争いが発生した。汐が開かれることによって新田の開発競争が起こり、結局、通水量の増加によって、水不足を生ずるからである。

　ところで、1833〜37（天保4〜8）年に起こった大飢饉は、享保、天明の飢饉と並ぶ江戸時代3大飢饉の一つで、中でも天保の大飢饉は、1782〜1788（天明2〜8）年の飢饉を上回る規模であった。まず、1833（天保4）年春から夏にかけ、西国を除く各地が冷害に見舞われ、特に東北・北関東地方で極端な凶作となり大飢饉となり、秋田藩の場合、およそ40万人の人口の内、死者が10万人出たといわれている。

　うち続く飢饉により、中部地方でも、特に甲斐（甲州一揆）や三河（加茂一揆）では大騒動に発展し、甲斐の一揆に対して、幕府は信濃の諏訪藩、高遠藩、および駿河の沼津藩に出兵を要請し、約900人の兵をもって鎮圧させている。

　諏訪郡内でも、天保3年の作柄について、平年と比較して「下田六畝拾五歩、幸之丞、五割不作。下田七畝六歩、幸之丞、六割不作……」であったとする記録が残っており、天保4年には、各村から書き出させた困窮者を、藩の役人が出張して確認し、1日当たり、男は米1合稗3合、女は米1合稗2合の「御救い米」を支給している。

　天保7年の「申年の飢饉」に際して、諏訪藩は村々に「米穀融通世話人」を指名し、まず村内で米穀を融通し合い、その不足分を他所から買い入れさせ、買い入れが足りない村については他村に協力を要請したうえで、極貧者には「御救い米」を支給した。

　全国で餓死者が続出したが、諏訪藩内では、絵巻等にあるような骨と皮ばかりとなって彷徨うといった光景はみられず、隣国の天領では「甲州一揆」が勃発しているにもかかわらず、諏訪藩内では百姓一揆は、養川の活躍後江戸時代を通じて一度も発生していない。

　まさに、養川の汐の効用だといわれている。

　1994（平成6）年、茅野市尖石考古館（現茅野市尖石縄文考古館）に、濱平（ミハマ製作所）より銅像「坂本養川翁」（西森方昭制作）が寄贈され、入り口近くを通る汐の傍らに建てられている。

　2016（平成28）年11月、「滝之湯汐」と「大河原汐」とが、ICID（国際かんがい排水委員会）の「かんがい施設遺産」として登録され、長野県内では初の登録となった。

　以上、主として、早坂義征『くりこしの水・小説・坂本養川の生涯』（長野日報社、2008年）による。他に、諏訪の農業用水と坂本養川刊行委員浅川清栄著『諏訪の農業用水と坂本養川』（中央企画、1998年）がある。

　ところで、ノブレス・オブリージュは、プロフェッションだけに求められるのではなく、一般的に財産、権力、社会的地位の保持には義務が伴うとして、富豪や権力者たちにも求められている。

　1909（明治42）年の渡米実業団に参加して、アメリカ大都市の立派な公共施設が富豪たちによる慈善事業・寄付の習慣によることを知って強い印象を受けた、株式仲買人である岩本栄之助が、父の遺産と株取引で得た利益とを合わせた100万円を寄付したことによって、大阪市中央公会堂（通称：中之島公会堂）が建設されたことは、広く知られているが、実は、江戸時代すでに名主たちは、公共事業に知恵や労力とともに私財を投じており、わが国にも、古くから、私財を投入する慈善活動家が存在したのである。

　ところで、美術館に限っても、明治以降、西洋美術、近代美術を展示する大原美術館を設立した倉敷の大原孫三郎、郷里の島根県に名園と横山大観の作品を中心とする日本画のコレクションで有名な足立美術館を設立した足立全康、郷里の三重県菰野市に故池田満寿夫が残した陶製の作品群などを収蔵

する「パラミタミュージアム」を設立した小嶋千鶴子（ジャスコ株式会社、現イオン株式会社元監査役）、20世紀美術コレクションが充実しているDIC川村記念美術館を設立した川村勝己大日本インキ化学工業（現DIC株式会社）2代目社長など、枚挙に限りがない。

　もちろん、美術館以外でも、公益財団法人松下政経塾設立資金として70億円を寄付した松下幸之助、母校の鹿児島大学に新しいホール「稲盛会館」（建築家安藤忠雄が設計を担当）の建築資金を寄附した他、度々高額の寄付を行うなど継続的に慈善事業を続けている稲盛和夫などユニークな活動を行っている者もいる。

　しかし、彼らはいずれも新しく起業した経営者らであり、残念ながら、明治以来の財閥系企業の経営者として、近時財界のトップに立つ人達は、政財界の中でのみ有名であるだけで、その思想、信条により広く国民の尊敬を集める者は稀であり、ましてや個人の資産を投げ打ってまで、文化活動や慈善事業を行う例には極めて乏しいように思われる。

　もちろん、創業者には莫大なキャピタルゲインがもたらされることがあるが、その後継社長も新たなキャピタルゲインを手中にする機会を与えられながら、それができないのは、経営者ではなく、サラリーマン社長でしかないからであろう。

　いかにも小粒な彼らの姿に比し、地方に生きた一介の名主といえども、中村興次兵衛や坂本養川の志の高さには頭が下がるというものである。

ひとこと 蓼科の八ヶ岳西側の山麓一帯に次々と「汐」(用水路)を築き、312町歩の田畑を潤したのが坂本養川であった。

この一大治水工事は、養川が最初に藩に献策した後、藩政の乱れのため11年目の1805年に漸く認められたもので、養川は、その後さらに16年間もの長きにわたって、私財を投じて工事に身を捧げている。

その結果、1833年に始まった天保飢饉に際しては、諏訪藩内では犠牲者が出ず、その後江戸時代を通じて百姓一揆が発生していないとされている。

名主に生まれたとはいえ、その志の高さと、計画を達成させた堅忍不抜の意思の強靭さには、唯々頭が下がる思いがする。

（みやさか　ふさかず）

第21話　宮　坂　英　弐

縄文人の生活を初めて人々の眼前に示した市井の考古学者

　坂本養川の銅像の立つ「茅野市尖石縄文考古館」は、縄文集落研究の創始者である宮坂英弐が、自宅の馬小屋を改造して作った「尖石館」を母体として、1955年に建設された「茅野市尖石考古館」を、収蔵品の増加により、1979年に縄文時代の尖石遺跡の地に移転したうえ、2000年にリニューアル・オープンした博物館である。

　宮坂英弐は、1887(明治20)年3月4日長野県諏訪郡豊平村(現・茅野市)に、素封家「吉蔵」と母「くら」の三男として生まれたが、明治維新後の政府は生糸を最大の輸出品とするため、群馬県に官製模範工場として富岡製糸場を開業したことから、近隣の信州や甲州の山村地帯にも小工場が続々と生まれ、養蚕業を営む農家が急増していた。

　豊平村も坂本養川の一大水利事業によって新田が開発された地域であり、萱場として利用されていた尖石台地にも、桑畑を開墾するために鍬が入れられるようになり、地下深く眠っていた縄文時代の遺物が出土し、ガラクタとして畔に積み上げられるようになっていた。

　八ヶ岳西麓の海抜1000メートル前後の広大な裾野は、豊富な湧水による河川がいく筋にも流れ、落葉広葉樹のクリ、クルミなどが茂り、イノシシ、シカなどが生息する恵まれた自然を舞台に、今から5000年前から4000年前までの約1000年の間、縄文文化の花が開いたことで知られていて、「縄文のふるさと」とも「縄文王国」とも呼ばれている。

　今日の茅野市、原村、富士見町にまたがるこの一帯には、ゴマを撒いたように300を超す大小さまざまな縄文遺跡が散在し、明治以来発掘調査が進められてきた。「尖石遺跡」の名は、台地の南斜面に突き出た三角錐状の

第21話

183

「とがりいし」と呼ばれる岩から名づけられたものである。

英弌が育ったのはその頃のことであり、地元湖東郡上萱沢（現茅野市湖東）の医家の長男に生まれ、東京高等師範学校で学んでいた小平小平治は、1893（明治26）年夏休みの帰省の際に、尖り石遺跡を訪れ、同年の『東京人類学会雑誌』91号に発表した「長野県下佐久郡古墳及諏訪郡石器時代遺物」の中に、「土器石器数町の間に散在す」と中央学会に初めて報告している。なお、小平治は1895年に28歳で夭折したが、その収集にかかる膨大な書籍と収集した遺物は弟の小平雪人が創設した「龍谷文庫」に収められ、雪人も郷土研究と遺物収集に努める。

そうした時代の中で、英弌は、子どもの頃から石鏃集めなどをしながら成長し、南大塩尋常小学校を卒業して、当時進学する者の少なかった南大塩高等小学校に進んだが、地元に中学校がなかったことから上諏訪町の高島高等小学校に転向し、卒業後諏訪郡立諏訪中学校（現長野県諏訪清陵高等学校）に入学し、３年生時に父親を失いながら、無事５年の終業過程を終え、1905（明治38）年に卒業している。

英弌は、同年４月から母校の南大塩尋常小学校の代用雇員となるが、急性肺炎により退職、一時名古屋の叔父を頼って英語塾に入った後、同年10月上京し、鉄道局雇員となる。

1911年、浅草聖天町の金貸しの婿養子となり、一女をもうけたものの、ほとほと仕事が嫌になって養子縁組を解消し、子を連れて離婚、1912年、一時東京鉄道監理局の教習所英語科に入所するが、母親の病状が思わしくなかったことから帰郷。

その後1914年に再度上京し、薬種問屋の帳場係、監獄の差入業、運送店の采配係、バーの会計係などの職を転々とする。

そして、英弌は、一時岩手県の鉱山でも働いた際に、知人から藤枝かつを紹介され、1920年に婚姻、翌年長女久良子出生、折から第一次世界大戦後の世界大恐慌を迎えていた時代、英弌は、1921年帰郷し、1922年から泉野尋常高等小学校の代用教員として働き始める。

　この年の４月南大塩の画家の宮坂春三がほぼ完形に近い土偶を発見、前年東京帝国大学理科大学講師で当時考古学会の権威者とされていた鳥居龍蔵と同大学人類学教室の助手の八幡一郎とが尖石遺跡を訪れていた縁により、この土偶は人類学教室がもらい受けている。

　当時の諏訪の教育界は大正デモクラシーの風潮の下、自由闊達な研究活動が盛んで、豊平尋常高等小学校の校長であった細川隼人らも尖石遺跡の発掘に取り組んでいたが、英弌は俳句に興味を抱き、前述の小平雪人が主催する「牧場会」に参加した。

　1928（昭和３）年、東京「高島屋」で「石器時代文化展覧会」が開催され、雪人の「龍谷文庫コレクション」が出品され、当時考古学の宮様として知られた伏見宮博英が興味を持ち、1929年７月23日に湖東村の山口遺跡、翌24日尖石遺跡の発掘に訪れることになった際に、案内係の雪人とともに、英弌は７月19日の下見と、23日、24日の両日の発掘に立ち会っている。

　この時、尖石遺跡で数点の土器が発掘されたのを見た英弌が、「文化が土の中に眠っている」と感動したことが、彼を発掘の魅力に取りつかせる契機となったのである。

　その後長年にわたり、英弌は、休日を利用して当時桑畑であった尖石遺跡の発掘を続けたが、子どもの頃と同様、当初は、宝探し的に完全な土器などを採集する、俗に「狸掘り」といわれるものに近かった。

　しかし、自ら「漸く完形土器１個発掘」と日記に記した1930年６月22日には、土器の下に炉址を発見しながら漫然と見過ごしたが、同年７月28日豊平尋常高等小学校の首席訓導の今井広亀とともに発掘を行った際、同人が写真機を持参して、発掘時の状況を詳細に記録するのを見て、以後、発掘時には詳細な記録を残すようになる。

　そして、英弌は、炉址に関心を抱き、その後約10年間にわたり、扁平な石をコの字形に立て並べたり、10個内外の石が円形に置かれた石囲炉20カ所と、地面を掘り下げただけの地床炉31カ所を発掘している。

　なお、当時は、縄文時代の住居は簡単な穴倉程度と考えられていて、住居

址の発掘例は乏しかった。英弌も、炉址については、石囲炉の中心でしばしば発見される土器が何を物語るのか、遺骨を埋葬したのか、食物を煮沸したのか、火種保護装置かなどの疑問を抱いていたが、大きな扁平な石を三方に立て並べた石囲炉は土器焼成装置ではないかとの示唆を得たことがきっかけで、その余の炉は煮沸暖房に用いた炉ではないかと考えるようになった。

そして、前述の八幡一郎から、「炉の周囲には必ず柱穴があるはずだから、広範囲に調査すべき」との指導を受け、やがて1939(昭和14)年3月に、日向上遺跡で竪穴住居址を発掘することになる。

当時の日本は、昭和恐慌の時代で生糸の価格が暴落し、桑畑を野菜畑に変える農家が続出し、その際にも、地下から土器や石器が多量に出土していた。

この日、英弌は、そうした畑の地表下1mの赤土層(関東ローム層)から、日向上遺跡の土器と石囲炉址とを発見し、住居址の全容解明のために、八幡一郎に指導を請い、同人と信濃教育会諏訪部会の有志の参加を得て、発掘作業を進めるうち、石囲炉を中心に4個の主柱の柱穴を囲む浅い溝が掘られた竪穴住居のほぼ全容が姿を現したのである。

尖石遺跡で最初に竪穴住居址が発掘されたのは、1940年4月28日のことである。

この日、小平幸衛と測量機械を抱えた矢島数由との3人で尖石遺跡に出かけた英弌は、尖石遺跡で第1号竪穴住居址を完掘し、駆けつけた地元の写真家の牛尼政一によって、発掘状況や遺構の撮影が行われた。小平幸衛、矢島数由、牛尼政一の3人こそ、英弌の発掘を助けるとともに、貴重な研究資料を今日に残すことができたことへの大きな貢献者である。

この時の感想を、英弌は、直後の『子供の科学』7月号に、「炉火は家族中心の団欒だ。石器時代でも、矢張、この大炉火を囲み、獣肉を焙りながら、土器の出来栄え、狩猟の獲物、闘争の勝利、其んな話に花を咲かせていたらう。(中略)石器時代の文化は斯く遺存され、斯く発掘されてゐる。然しこれ等の文化を産んだ民族は如何なつたらうか」と記している。

同年の東京考古学会の第17回例会は尖石遺跡で開かれることになり、『人

類学先史学講座』（雄山閣、1940年）に「上古時代の住居」を上梓したばかりの後藤守一が主宰格となって、同年6月16日に発掘調査が行われて、第2号から第4号までの竪穴住居跡が現れた。

さらに、同年7月学校が夏休みに入ると、英弌は、長男吉久雄、養子に出ていた次男長久、3男虎次、4男の昭久の4人の男の子を動員して、夏季休業中に、さらに竪穴住居址4基を発掘している。

英弌は、縄文人の生活を知るうえでの尖石遺跡の重要性を一早く察知し、1940年8月には国史跡の指定を受けるための努力を傾注する一方、指定までの間にある程度の発掘調査を行い、遺跡の概要を知るために必要な調査資料は残しておきたかったとみられる。

その結果、1942年9月23日、尖石遺跡は国史跡の指定を受け、以後自由に発掘することができなくなったが、それまでの間に英弌が発掘して記録を残した竪穴住居址は32基に及んでいる。そのための人夫賃を始めとする調査費用の大部分は英弌が負担したが、当時の教師の薄給、7人家族という大家族の生活費用といった事情から、妻かつの遣り繰りは大変であった。

しかし、そうした竪穴式住居址の発掘により、英弌は、石器時代の地表面論争に関し、地表面は関東ローム層上面にはなく、さらに15cm程上部にあることを明らかにし、当該地表面から発見される遺物は遺棄された遺物や遺構であり、関東ローム層上から発見される遺物や遺構は住居での生活状況を示唆するものであることを明らかにした。

さらに、英弌は、当時の地表面上に列石群を発見し、また、墓穴、穴倉、あるいは土器製造用の粘土採掘跡とみられる遺構や、中央広場に埋められた大甕等を発見しているが、これらは、尖石遺跡に公衆的設備とも推定し得られる遺構からなる社会的地区があったことや、それらの遺構を作った社会の構造を考える切り口となる貴重な発見であった。

英弌のこうした発見と、発掘の際の詳細な発掘資料の作成、保存は、複数の竪穴式住居からなる原始的集落の営みを解明する研究のうえでの重要な貢献を果たし、英弌自身も、『原住民の遺跡─八ヶ岳山麓尖石遺跡研究』（蓼科

書房、1948年）の中で、この遺跡が、「小竪穴群や列石群、巨大な埋甕等を伴う中央の社会的地区を中心に、南、西、北の３方面に構成され、集落の周辺には生活物資を供給する資源地区が付随する大聚落であり、社会組織の下に集団的生活を営んだ」ことを明らかにしている。

勅使河原彰『縄文時代史』（新泉社、2016年）は、これについて、発掘された資料から、縄文集落を復元した日本考古学史上初めての研究であると評価している。

モースが大森貝塚を発見し、日本にも新石器時代のあったことを明らかにし、出土した土器に縄文式土器と命名したのが1877年、英式が研究を開始した頃も未だ多くの研究者が「狸掘り」による宝探しの域をでなかった頃に、英式は尖石遺跡の発掘を通じて、竪穴住居の発掘から集落跡の解明にまで到達したのである。

そのうえで、尖石の発掘では各竪穴式住居が作られた時期を画し得ていなかったこと、遺跡全体を最初から統一的方針の下で発掘したものではなかったことから、英式は、遺跡全体の発掘を志し、尖石遺跡とは、その北の浅い谷を隔てた所にあり、1935年に石囲炉を発見済みであった与助尾根遺跡の発掘を志し、1946年10月23日には与助尾根第１号住居址を完掘した。

1947年２月27日には彼の研究を支えてきた妻かつが52歳の生涯を終えたが、英式は、その悲しみに耐えながら、さらに第６号住居址まで発掘している。

ところが、英式は、1949年２月28日には、長男吉久雄まで失うに至った。

二人の家族の死は、いずれも、戦後の極度の食糧難と、英式家族が発掘調査費用捻出のため家計を絞り切った挙句の餓死であったことから、真相を知った、諏訪考古学研究所を立ち上げたばかりの研究者藤森栄一の呼びかけで、発掘資金カンパの一大キャンペーンが開始される。

これに励まされた英式は、同年４月に発掘作業を開始し、同年10月までに第16号住居址までの10カ所が発掘され、この年をピークとして1952年の調査終了時までに、総計28カ所の住居址が発見されたのである。

与助尾根遺跡の発掘で、改めて集落の構成を歴史的に追求することに成功

した英弌は、尖石集落の研究結果と照合し、二つの集落の盛衰までを復元して、縄文人の社会生活を明らかにする一方、住居内の構造の変化から、縄文人の精神生活や家庭生活をも明らかにすることができたのである。

こうして、1952年、尖石遺跡が文化財保護委員会から特別史跡に指定されたほか、1993年には与助尾根遺跡も尖石遺跡の範囲に含まれるとして、特別史跡に追加指定されている。

なお、今日重要性が知られている井戸尻遺跡も、1953（昭和28）年に英弌自身が住居址を発掘している。さらに、英弌は、諏訪郡富士見町の藤内遺跡などの、長野県内の遺跡の調査、保存にも尽くした。

英弌は、1975（昭和50）年、89歳の生涯を閉じるまで、発掘した遺物の展示にも力を入れ、「茅野市尖石考古館」の初代館長も務め、八ヶ岳冷山の黒曜石を材料とする山下の渋川における、1955年から1961年にかけての石器調査の結果を自ら著した『渋川』（茅野市尖石考古館、1962年）を、尖石考古館研究報告叢書（八ヶ岳山麓一帯の縄文時代の調査結果の報告書が逐次発行されている）の1冊目として刊行している。

脚本・監督新藤兼人の映画「尖石遺跡」は、監督が、「茅野市尖石考古館」で偶然英弌と出会ったことから生まれた、英弌の姿に迫るドキュメンタリー作品である。

前述の勅使河原彰は、「茅野市尖石縄文考古館」について、「今でも宮坂氏や彼を支えた多くの人々のぬくもりをいたるところで感じる」と語っている。

1967年、「茅野市尖石縄文考古館」に、茅野市出身の彫刻家、小川由加里作「宮坂英弌先生像」建立。1974年吉川英治文化賞受賞。2000年に宮坂英弌の研究、業績を顕彰し、縄文文化の研究に功績のあった個人、団体を表彰する「宮坂英弌記念尖石縄文文化賞」が設けられた。

以上、主として、勅使河原彰『原始集落を掘る　尖石遺跡』（新泉社、2004年）による。

1968年、英弌は、あとがきに「一般の読者にも読みやすいように、あわせて調査報告書『尖石』の縮刷版とし稿を新たにして、世に送る」と書かれて

いる『尖石』(学生社、1968年)を発刊しているが、それには、英弌が折々に作った句も掲載されているので、紹介しておきたい(なお、本書は、1998年に『尖石(解説付き新装版)』として新泉社から再発行されている)。

　　1938年 5 月18日上之段遺跡で石油箱一杯の遺物を発見

　　　　　郭公や　畔木に晴らす　通り雨

　　1938年 8 月15日土偶を発見

　　　　　草花に　土偶彩える　昼餉かな
　　　　　　　　いろ

　　1942年 7 月30日子どもたちと炎天下での発掘作業

　　　　　玉の汗　輝き落つる　大地かな

　　1952年 6 月22日の与助尾根発掘調査終了の日

　　　　　杜鵑　遺跡どよもす　人千余

　　1954年 7 月26日与助尾根遺跡に三笠宮殿下を迎えて

　　　　　旱天に　雲湧けり　土器　出土する

　　1966年 1 月 1 日

　　　　　一筋の　径たどりて　八十の春

　前述の『尖石(解説付き新装版)』の巻末に掲載された鵜飼幸雄の解説「尖石の発掘と宮坂英弌の考古学」にも、「一人の人間が縄文時代の集落研究にかけたロマンと情熱、その生き方は時代を超えて私たちに大きな感動を与える。考古学を学ぶ者のこころの中に、宮坂氏の『こころ』に通じるロマンや情熱があるとすれば、その再生にこそ本書の今日的な意義があるものと信じたい」と記されているが、私も、中・高校生時代に「尖石」に触れていれば、また別の人生を歩んでいたかもしれないと思ってみたり、時には遺跡に向かう己の姿を瞼の裏に描いてみたりするのである。

　ひとこと　わが国の考古学研究の大家は大学にはおらず、今日までの研究成果の大部分は、素人や大学と袂を分かった民間の研究家によって獲得されてきた。

　5000年前に、八ヶ岳西麓で花開いた縄文時代の遺跡の発掘を手掛け、住居跡の発掘、さらには原始集落での生活の営みの研究にまで歩みを進め、縄文時代の研究に一時代を画したのが英弌である。

　そのロマンの陰には、太平洋戦争後の窮乏生活の下で、妻と長男を失うという悲劇が伴っている。

　しかし、好きな研究一筋に人生を全うできたという意味で、高校生時代の一時期考古学青年であった私(『弁護士日記　山ざくら』89参照)は、英弌に対し尊敬とともに、羨望の思いを禁じ得ない。

第22話　鳥居　龍蔵

徳島県が誇る人類学・考古学・民俗学の世界的研究者

　鳥居龍蔵は、1921年に弟子の八幡一郎とともに、宮坂英弌と縁の深い尖石遺跡を訪れていたことが縁となり、その後の諏訪史談会や信濃教育委員会からの熱心な依頼もあって、フィールドワークを重ね、地方郡史の成立にも寄与しているが、彼は、独学で世界に通ずる研究者として大成した人物でもある。

　1921（大正10）年1月、世界の代表的な人類学者を集めた国際学会「万国連盟人類学院」がパリで発足することになった際に、東京帝国大学理科大学の講師の身分に過ぎなかった龍蔵を正会員とするとともに、日本代表委員にも推薦したことに加えて、フランス・パリ学士院は、「パルム・アカデミー」勲章と勲記を龍蔵に贈っている。

　龍蔵は、その後同大学の助教授に就任したが、後述の通り、その身分を投げ捨てて一介の民間研究者となり、太平洋戦争の前後を通じて、中国の燕京大学の教授として招聘されたほか、その研究は世界的に高い評価を受けている。

　鳥居龍蔵は、1870（明治3）年4月4日、阿波国名東郡徳島船場町（現在の徳島県徳島市東船場町）で、煙草問屋を営んでいて裕福であった父「新次郎」と母「とく」の次男として生まれる。

　1876（明治9）年、勧善小学校に入学し、自由教育の実践者であった富永幾太郎の薫陶を受けたものの、その他の先生の教え方は教科書の内容を自ら理解しないまま、生徒に丸暗記させるだけであり、龍蔵が要領よく学校生活に適応することができなかったために、1、2年生時に各1回落第した挙句、自主退学を勧告され、龍蔵自身も、家庭にあって独習する方が勝ると考えて

退学、以後、自学自習で学力を養ったと、自ら『ある老学徒の記』(岩波新書、2013年)の中で述べている。

　もっとも、今日では、徳島県立鳥居龍蔵記念博物館の所蔵資料から新町小学校尋常小学下等科の卒業証書が発見され、また、上智大学文学部長時代の1931年の日付入りの履歴書には、「尋常小学、寺町(現新町)小学校ニテ学修、高等、中途ニテ退学」と記載、押印もされていると報告されている。

　ともあれ、独習するうち、新聞売捌き人と知り合い、各紙に目を通すことで、視野を世界に広げるようになる一方、考古学に興味を抱き、徳島県下で組合せ式石棺や、石槨式墓を発見し、土器等も収集するようになり、『人類学雑誌』の購読者となったことが縁で、1888(明治21)年東京帝国大学の人類学教室の坪井正五郎先生の訪問を受ける。

　龍蔵は翌1889年徴兵検査を受けて輜重兵となったが、抽選の結果徴兵を免れたことで、東京遊学を志す。

　龍蔵の兄である鳥居家の長男は、病気の後遺症で家業を承継できず、承継候補者は龍蔵以外にはいなかったが、両親が龍蔵の希望を容れてくれたため、龍蔵は、1890(明治23)年9月上京し、先学を訪ねては考古学を学ぼうとするが、石器時代の研究は、1877(明治10)年のモースの大森貝塚発見以来十数年を経過していたにもかかわらず、なお、「ただ貝塚の発掘だけに終わり、精確な大々的議論がない」状況であった。

　折から坪井正五郎は英仏に3年間留学中で、助手が人類学教室を守っていた。龍蔵は些細なことで助手の逆鱗に触れ、出入り禁止となるが、やがて坪井正五郎の帰国により、1894(明治27)年には標本整理係として坪井正五郎の人類学教室に入る。

　その後は、貝塚の発見、発掘に従事する一方、東京帝国大学の教授達の講義の内、自らの研究に役立ちそうなものを次々と受講するが、次第に自然科学としての人類学を専攻する決心を固めるようになる。

　なお、龍蔵の両親も、結局煙草屋を廃業して、長兄を連れて上京し、龍蔵と同居するようになったが、父親は新しい商売に手を出しては失敗している。

　鳥居は25歳から67歳に至るまで、幾度となく東アジアを中心に調査を行った。それは鳥居の学んだ人類学の手法、特に師と仰いだ坪井正五郎の観察を中心とした手法を採用し、東アジアの各地に居住する民族が形成される過程、さらには日本人が成立するまでの過程を調べようとしたためである。

　1895年(明治28年)の遼東半島の調査を皮切りに、台湾・中国西南部・シベリア・千島列島・沖縄など東アジア各地を調査した。中でも満州・蒙古の調査は、鳥居と彼の家族のライフワークともいえ、たびたび家族を同伴して訪れている。当初は、1901年12月に婚姻した同郷の妻きみ子が現地で鳥居の助手を務めたが、4人の子供たちも成長するに伴い、順次助手として貢献することになる。

　龍蔵のフィールドワークというと、海外での研究が著名であり、それは、台湾・朝鮮・シベリア・蒙古・満州・シナ西南部・樺太等の各地に及んでいて、海外の学者からは高く評価されているが、わが国の大学教授らは、龍蔵の研究に対する海外の評価を軽視する一方、日本国内各地で地元考古学研究者らが行う発掘、研究をも無視する傾向にあって、そうした発掘、研究に協力した鳥居龍蔵の貢献についても消極的な評価しか下さなかった。

　龍蔵は、徳島を出るまでは四国各地、後東京帝大在職中も日本各地のフィールドワークを行い、そのたびに展示会・講演会を開催、人類学・考古学の普及に努め、また数々の研究成果を発表している。。

　1895(明治28)年、東京人類学会からの派遣により、龍蔵は、日清戦争後の下関条約により日本が得ながら、三国干渉によって返還を余儀なくされたばかりの遼東半島に行く機会を得、この調査で、析木城付近にドルメン(支石墓)を発見し、このことが龍蔵が海外調査をも精力的に行うにことになる契機となった(第1回目の満州調査でもある)。

　1896年(明治29年)、東京帝国大学は日清戦争によって日本が得た新たな植民地・台湾の調査を依頼されて、人類学調査担当として龍蔵を派遣し、彼は、写真撮影の手法を導入し、タイヤル族、アミ族、ピナン族の調査を行い、翌1897年には台湾東部の孤島・蘭嶼に住むタオ族と、本島東南部のプユマ族の

調査を行った。さらに1898年人類学教室の助手に採用された後、1900年には南部高地から中央高地の調査を行い、それぞれ、念入りな観察と、身体形態の測定を中心とする「形態人類学」的研究を行った。

　龍蔵は、常に政治からは距離を置き、研究者としての生涯を送ったが、高山族の調査に関しては、「台湾にては未だ生蕃(漢民族に同化していなかった高山(砂)族。首狩りの風習を保っている部族もあった。)、熟蕃(漢民族に同化していた高山(砂)族)の学問的研究をなし居る者は殆ど皆無と称して可なり。各民政支庁の報告は一も見るに足るものなし、シナ政府が生蕃撫育の方法は至れり尽くせりと称して宜しく、小生は世人に反し、此の一点は遥かに日本政府より優り居れりと申すべく候」と記している。

　龍蔵の報告書は、1898年、児玉源太郎の台湾総督就任に際し、民政長官に就任した後藤新平が漢人の帰順策を進める一方、生蕃対策のための撫蕃所を廃止し、土木工事への強制労働、警察官の横暴、激しい民族差別等が続いたことによる後日の霧社事件(1930年、日本の植民地支配下にあった台湾中部の山村・霧社で、先住民が日本人134人を殺害した武装蜂起。台湾総督府は、軍や警挺他の先住民を動員して鎮圧し、蜂起した先住民1千人以上の大半が死亡した(2013年4月17日朝日新聞朝刊都区内版による))の発生を予言するものとなっている。

　かねて、坪井正五郎は、千島アイヌの住む北千島には、もと小人族のコロポックルが住んでいたとの説を唱え、これに反対する解剖学者の小金井良精博士と対立していたが、1899(明治32)年コロポックル実在の遺物、遺跡があるとの報を受けた坪井博士から、千島列島北部とカムチャッカ半島へのフィールドワークを依頼された龍蔵は、台湾調査の合間、千島アイヌのグレゴリーとともに北千島の調査を行い、5月25日遺跡があるとされたシュムシュ島をも訪れたが、小人族がいた証拠は発見せず、龍蔵は、師の説を覆す調査結果を報告している。

　この調査結果は、1903年(明治36年)に『千島アイヌ』と題してフランス語で刊行され、今日なお欧米のアイヌ研究者の必修本と位置づけられている。

　龍蔵は、台湾での調査結果等から、台湾の「蕃族」と中国西南のミャオ

（猫）族が人類学上密接な関係をもっているのではないかとの仮説を立て、1902（明治35）年7月から1903年3月にかけ、自らの学術的要請から中国西南地域でのフィールドワークに向かった。

折から義和団の乱が終息したばかりで、日本が清朝を助け、英米からは「極東の憲兵」として評価されたものの、中国人の対日感情が悪化したことから、龍蔵は、苦労しながら、主として貴州省（1851年に発生した太平天国の乱の舞台でもある）のミャオ（猫）族と雲南省のイ（彝）族の調査を行い、西南中国と台湾と日本の共通性を探る試みを行った。

日本の斯学の大家の中に、ミャオ族は中国には存在しないと間違って説いていた者がいて、他に中国西南方諸族に言及する学者はいなかったこともあって、龍蔵の『苗族調査報告』は学会から無視されたばかりか、予備調査であったにもかかわらず、その研究が形質人類学の範囲を超えようとしていたこともあって、東京帝国大学の人類学教室は、龍蔵の中国西南部への2度目の調査を認めなかった。

しかし、この調査報告は、中国研究で著名なシャバンヌ博士によりフランス学会に丁寧に報告されたうえ、仏訳の許可も求められている。

ところで、龍蔵は、1905（明治38）年東京帝国大学の命を受け、第2回目の満州調査に赴くが、この度は工科大学の伊藤忠太博士や文科大学の市村瓚次郎博士や京都帝大の内藤湖南博士ら建築や歴史の研究者らとのチームで行われた。

龍蔵は、普蘭店鍋底山の遺跡で石斧、石槍、石鏃等を収集し、遼陽城西門外で漢代の塼槨墓を発掘した他、同行の学者との共同生活の機会に大いに議論して触発され、多くの民族の盛衰により形成されてきた歴史を、考古学、土俗学、民族学等の総合的な調査により明らかにするフィールドワーカーとして成長を遂げていったと推測される。

なお、この時の調査復命書には、「満州民族はもと長白山下に起こり、遂に漢民族其の他を征服し、ここに大帝国を建設するに至りぬ」と記載されている。

　龍蔵は、その後1940（昭和15）年に至るまで満州調査を前後10回、関連する蒙古調査を前後５回行っている（この間、1932年３月満州国成立、1933年２月関東軍が東蒙古を占領、３月国際連盟脱退、1937年盧溝橋事件により日中全面戦争に突入）。

　1905年、龍蔵は東京帝国大学理科大学講師に任命されるが、人類学教室内の軋轢から鬱々とする日を送るようになり、1906（明治39）年、龍蔵の妻きみ子は蒙古の喀喇沁王府女学堂の教師への推薦を受けた際、龍蔵の満蒙調査に協力するために即座に快諾し、半年前に生まれた長男龍雄を実家の母に預け、共に蒙古に赴き、龍蔵も男子校の崇正学堂の教師となり、生活費を稼ぎながら、満蒙の地と日本とを往来しながら調査を続けることになり、この時からきみ子は龍蔵の助手として調査に協力することになる。

　1910（明治43）年８月22日「韓国併合に関する条約」が締結され、初代総督に就任した寺内正毅は、朝鮮総督府による教科書編纂のために、同年「体質人類学・民族学・考古学それぞれの方面にわたる調査」を龍蔵に依嘱し、同年中に渡韓した龍蔵は、かねて温めていた朝鮮半島における旧石器時代ありとの仮説を確かめるためにも、これを受けて、1914年予備調査のうえ、翌年から1917（大正６）年まで前後５回にわたる調査に従事している。

　この間、東京帝国大学理科大学人類学部八木三奘郎の旧石器時代否定説を覆した他、当時東大助教授の関野貞博士が平壌で発掘したアーチ型煉瓦式古墳を高句麗遺跡としていたのを間違いとして漢代墳墓であると指摘した。

　しかし、わが国の官学が、韓国には石器時代がなく、独自の文化は形成されていなかったとしていたのは、日本と韓国の先祖は同一であり、日韓併合により元に戻ったに過ぎないとする日韓同祖論に迎合したものであり、同じく、朝鮮に漢の支配が及んでいたことを否定しようとしたのも、当時のわが国の対中国政策に迎合するためであり、国策や学閥を背負った八木説や関野説を否定することによって、龍蔵は次第に調査団から外されていき、人類学的調査のみならず、石器・古墳も積極的に発掘調査し、ひとえに学問的真実を探求した龍蔵が、その結果を纏めて提出した第１回報告書は、提出先の総

督府学務局古墳調査課において紛失したものとされ、闇に葬られている（咸
舜爕原著・吉井秀夫訳『植民地時代における鳥居龍蔵の満州月城及び第邱達域調
査について』徳島県立鳥居龍蔵記念博物館研究報告第２集には、1914年から1917
年にかけての韓国での文化遺産調査についての龍蔵の正式な報告が相対的に少な
いのは日本人研究者間の葛藤によるものであり、かつ、記録にも不正確な部分が
あることについては、行政処理過程の混乱も手伝ったと記されている）。

　龍蔵は、1909年に父を、1912年に母を亡くしていたが、1913年に師坪井正
五郎がペテロスブルグで客死している。

　1918（大正７）年にわが国はシベリア出兵し、シベリアでのフィールドワー
クの機会が訪れたことから、龍蔵は、1919年（大正８年）同地を訪れ、現地の
歴史研究者と交流を図り、研究書を蒐集する一方、上陸したウラジオストッ
クで貝塚を発掘したほか、イルクーツクまで赴き、帰りはニコライエフスク
までのアムール川流域の先住民族調査を行っている。

　それは、ソヴィエト政権側からのゲリラ戦が続く中での調査であったが、
その後1921年と1928年にも調査に赴いている。

　1921（大正10）年１月、冒頭に記載した通り、「万国連盟人類学院」の発足
に際し、龍蔵はフランス・パリ学士院から「パルム・アカデミー」勲章と勲
記が贈られたが、東京帝国大学内での紛失により、彼の手元には届かなかっ
た。

　加えて、1922（大正11）年東京帝国大学助教授に任命され、理学部勤務を命
ぜられるが、翌1923年人類学教室で研究していたMの「各県居住の日本人頭
形及び身長の地理的分析」という論文の審査にあたり、龍蔵は、調査対象者
となった東京在住者が、必ずしも、各出身県内で先祖から引き継いできた形
質を保持する代表者とは限らない（他県から転入してきた者またはその子孫に過
ぎない場合もあろう）ことを指摘し、いったん論文を返却し、再調査を指導し
たが、Mは、指導に従わなかったばかりか、東京帝国大学も、小金井良精教
授を主査、植物学のF教授を審査員として、龍蔵に対して、論文通過に同意
するよう求めるという事件が起きた。Mは、東京帝国大学の教授の子息でも

あった。

　龍蔵は、断固としてこれを拒絶し、1924年6月東京帝国大学を辞職、鳥居人類学研究所を創設し、妻きみ子ら家族一同を所員としての調査を開始する。

　なお、龍蔵は、その後1928（昭和3）年、当時ドイツ系専門学校の上智を大学に昇格させることに関与して、文学部長教授に就任したほか、東方文化学院東京研究所創立とともに、その評議員・研究員ともなっている。

　1927年、将来を嘱望していた龍蔵の長男龍雄が留学先のパリで客死するが、龍蔵は、遼代の研究をライフワークとするようになり、1926年山東省の調査を手始めに、毎年のように東アジアと東シベリアの調査に出掛け、失われつつある遺跡を訪れて、貴重な写真や記録を残している。

　なお、1937年（昭和12年）外務省の文化使節として67歳と高齢の龍蔵も南米へ派遣され、精力的な調査を進め、インカ帝国の興亡についても積極的に発言している。

　1939（昭和14）年龍蔵はアメリカ・ハーバード燕京研究所の招聘を受け、その「客座教授」の名で、燕京大学に赴任し、中国の研究者を育てるとともに、引き続き、山東省でのフィールドワークを続けているが、やがて龍蔵は、日本軍憲兵の監視下に置かれ、燕京大学も閉校に追い込まれる。

　1945年の終戦により、再び燕京大学に復職、遼代文化の研究を継続したが、1948年12月中華人民共和国成立後、1951（昭和26）年7月同大学を退職し、12月に帰国。

　1953（昭和28）年1月14日死去、享年82歳、妻のきみ子は1959年8月19日死去している。

　龍蔵は、中国東北部、台湾、千島、中国西南部、蒙古、朝鮮半島、シベリア、さらに中南米にまで及ぶ、雄大、かつ、多くの場合死と隣り合わせの危険なフィールドワークを通じて、それまで人類の形質や解剖学的な理科的見地からしかアプローチされていなかった人類学を、考古学や民族学、文献学その他文化的な見地も総合してアプローチする総合的人類学へと成熟させる

基礎を築いた。

　しかも、東アジア全域をライフワークとしながら、国内での調査も積極的に取り組むことにより、考古学を全国的に普及し、この学問の啓蒙にも努めた。

　研究には、写真や録音機等の最新の技術を積極的に導入する等して、さまざまな原因で滅びゆく遺跡の記録を残し、また遺物の保存は基本的には出土した国、地方に委ね、決して私することがなかった。

　龍蔵に対しては、日本の対外的拡張に伴う植民地政策に加担したとの批判もあるが、龍蔵は日本の対外的拡張により調査可能なフィールドが広がるのに応じて、当該フィールドで調査し、貴重な記録をこの世の中に残しておこうとしたに過ぎず、既述の通り、彼の研究は、常に政治・軍事とは距離を置いた純学問的なものであったことが明らかであり、そのような批判は、実を伴わない名声のみの研究者が龍蔵を排除するべく、ためにした批判に過ぎない。

　以上、主として、中薗英助『鳥居龍蔵伝　アジアを走破した人類学者』(岩波書店、1995年)と、前記『ある老学徒の手記』によっている。

　ところで、今日ほとんど忘れられたに等しい龍蔵のフィールドワークは、今日の最先端の研究者からも振り返られつつあることに触れておきたい。

　鳥居龍蔵『有史以前の日本』の中の「古代の日本民族」((1916年)、前田達夫編『鳥居龍蔵　日本人の起源を探る旅』(有限会社ツアンドクラフツ、2015年)からの孫引き)によると、龍蔵は、原日本人はコーカシアンと蒙古人種との混血のアイヌであるとの仮説を立てるが、古代アイヌの遺物がニューギニアやペルシャに類似することや、彼らの風俗が北方種族の影響を受けていること等も指摘しており、より多くの人種の交雑によって原日本人であるアイヌが生まれたことを否定していないし、原日本人も、その後日本に渡ってきた人々との交雑が進んだとする。

　次いで、朝鮮、満州、蒙古等の石器時代の遺物が日本でも発見されていることなどから、それらの地域から朝鮮半島または沿海州を経て入ってきたの

が固有日本人であり、国津神となるが、彼らも交雑が進み、その後、インドネジアンが九州地方に入ってきたほか、中国の苗族が銅鐸を残した種族の祖先や漢民族も入って来るなどして、やがて天津神とされる朝廷が成立し、高句麗、新羅、任那等からも次々と帰化してくるが、それらの人々も互いに交雑したと考えていた。

　そして、「要するに日本人は単純なる民族ではなく、以上の複雑せる数種族が島帝国を形成しているのである」、「雑種民族が日本を組織している結果は、今日種々の特色ある思想を交えたる面白き国柄を為しておるのである。日本は、この雑種の後に至って美しい好い果実を結んで居る事は実に注意すべきことである」と結論付けている。

　ところで、日本民族の形成について、今日では言語、地名、風俗その他の民俗学、骨格その他の形質学、DNA解析、血液型分析その他の分野で、それぞれ研究が進んでいるが、その内のDNA解析の研究に基づいて刊行された斉藤成也（国立遺伝学教授）『核DNA解析でたどる日本人の源流』（河出書房新社、2017年）は、ユーラシアのいろいろな地域から旧石器時代から縄文時代にかけて日本列島各地に渡ってきた渡来人間の混血によってアイヌ人の祖先が誕生し、その後、朝鮮半島、遼東半島、山東半島に囲まれる沿岸地域からの渡来民との混血により縄文時代後期、晩期の文化が形成され、さらにその後の渡来人との混血によって弥生文化が形成されたほか、その後も朝鮮半島を中心としたユーラシア大陸からの渡来民が続いたとする。

　フィールドワークに基づく龍蔵の学説と、核DNA分析に基づく最新の学説とは、原日本人がさまざまな地域からの渡来人の混血によって生まれ、その血をアイヌ人が受け継いでいるとする点、その後も朝鮮等からの渡来人が続き、縄文時代後期・晩期の文化や、弥生文化の担い手ともなったほか、さらなる渡来人らとの混血によって、今日の日本人が形成されたとする点では共通しているように思われる。

　DNA研究の成果に基づく斎藤成也編著『日本人の誕生』（秀和システム、2020年）にも、龍蔵の先駆的な混血説がていねいに説明されている。

　ちなみに、2020年1月にも麻生太郎副総理兼財務相が、「日本は単一民族国家である」と語ったものと受け取れるような発言をしているが、この考えは、明治維新後の大日本帝国時代に、民族の純血意識や均質な国民国家志向を高め、異民族への差別や排斥の根拠とするための、優秀な日本人単一民族というアイデンティティに関する膨大な言説の中から誕生した、信仰もしくは願望、あるいは単なる謳い文句に過ぎず、何ら歴史的事実ではない。

　副総理兼財務相、さらには当時の安倍内閣、ひいては現在の自民党政権の知的レベルが知れるところである。

　龍蔵の業績を顕彰するため、鳴門市撫養町の妙見山公園山頂に、1964(昭和39)年2月起工、翌年3月竣工開館したのが、徳島県立鳥居記念博物館であり、その後、2010(平成22)年11月3日に徳島市郊外八万町の徳島県文化の森総合公園(向寺山)の三館棟内に移設されたが、以来、鳥居龍蔵の研究活動に関する特別展を開催している他、博物館の研究報告を出版し、ホームページ上にも掲載している。

　ところで、龍蔵は、徳島市の中心部にあり、かつて蜂須賀家政によって、1586(天正14)年に築かれ、江戸時代を通して徳島藩蜂須賀氏25万石の居城となった大規模な平山城である徳島城本丸跡の背後の城山において、1922年に地元研究者とともに貝塚の発掘調査を行っている。

　この時、縄文土器、弥生土器も出土し、その後の郷土史家らによる学術的調査に繋がっている(石尾和仁『特集「鳥居龍蔵と城山貝塚調査」にあたって』徳島県立鳥居龍蔵記念博物館研究報告第1集、2013年)。

　那賀郡見能林村(現阿南市)で生まれ、小松島市で育った私は、徳島市内の中学校に通うようになって、城山の貝塚を知り、近くにあった鳥居龍蔵の石碑を見たのが、私と龍蔵の最初の邂逅であった。

　龍蔵は、『ある老学徒の手記——考古学とともに六十年』(朝日新聞社、1953年。なお、それを文庫本にしたのが『ある老学徒の手記』(岩波新書、2013年)である)の結語の最後に次のように記している。

　「私は学校卒業証書や肩書で生活しない。私は私自身を作り出したので、

私一個人は私のみである。私は、自身を作り出さんとこれまで日夜苦心したのである。されば私は私自身で生き、私のシンボルは私である。のみならず、私の学問も私の学問である。そして、私の学問は妻と共にし子供たちとともにした。これがため長男龍雄を巴里で失った。かくして私は自ら生き、またこれからもこれで生きんと思う。

　かの聖人の言に『朝に道を聞いて夕に死すとも可なり』とある。私は道学者ではないが、この言は私の最も好む所で、街の学者として甘んじている」。

> ✿✿ **ひとこと**　龍蔵は、大学では、人類の形質や理科的見地からしか
> アプローチされていなかった人類学を、考古学、民俗学、文献学、その
> 他の文化的見地も総合してアプローチする総合的人類学へと発展させる
> 道を切り開いた。
>
> 　彼は、東京帝国大学助教授の地位を投げ打って、野に下り自ら設立し
> た研究所に拠って研究を進め、中国による過去の韓国支配を否定して日
> 韓同祖論を展開する政府に迎合し、当時の官学が、平壌で発掘された漢
> 代墳墓を高句麗遺跡としたり、韓国には石器時代がないとすることに対
> し、敢然と反対した。
>
> 　日本人の起源を巡る龍蔵の研究成果は、彼の死後70年近くが経過する
> 今日、ＤＮＡ研究に基づいて発表される研究論文にも、しばしば龍蔵説
> が紹介され、それを発展させる形で議論が展開されている。
> 　龍蔵とその独立不羈の学者魂とは、私の郷里徳島の誇りでもある。

第23話　井尻　正二

古生物学などに人々の関心を向けさせた第一人者

　鳥居龍蔵は東京大学助教授の地位を捨てて、一介の総合的人類学研究者として生きたが、井尻正二も、大学卒業後、国立科学博物館に職を求め、東京経済大学教授になったこともあるが、自ら退職した後は、著述業で生計を立てながら、地学団体研究会の主要な創設メンバー、あるいは化石研究会の設立者として、古生物学関係の研究や啓蒙活動に功績を残した人物である。

　正二は、1913（大正 2 ）年 6 月26日に小樽市内で倉庫業や水産物商を営む名家に生まれたが、父親が政治に血道をあげて、家は没落し、正二が1930（昭和 5 ）年小樽市中学校 4 年を終了した後の1932（昭和 7 ）年に、その父親が死亡した後、残された家族は上京する。

　正二は、1933（昭和 8 ）年府（東京都となったのは1943年である）立高等学校理科乙類（現・東京都立大学（2020年 4 月から改称））を、1936年東京大学理学部地質学科をそれぞれ卒業し、大学院に進むが、哺乳動物の研究を選んだ正二は、指導教官と研究テーマについての意見が合わず、出席率も悪くて 2 月で中退、同年国立科学博物館嘱託として勤務するようになる。

　しかし、当時の古生物学は、無味乾燥で、組織学的なことや、発生学的な考察が行われていなかったことに満足できず、正二は、近所の歯医者の紹介で、東京高等歯科医学校の図書室で勉強するようになったのが契機で、同校の歯の解剖学の権威、藤田恒太郎教授の指導を受けるようになり、さらに、東京医科歯科大学解剖学教室に学ぶことになった。

　当時の博物館は必ずしも研究の場ではなかったが、正二は、1937年頃から独学でデスモスチルスの歯の研究を開始し、化石の微細構造の研究や生化学的研究も取り入れるとともに、1938年頃からはわが国の中世層の向斜構造の

研究を続け、堆積の研究のためのフィールドワークも行い、それらの研究が、後に、生物の系統進化への関心につながっていく。

1940(昭和15)年、すでに結婚していた正二は徴兵検査を受けるが、彼が東京帝国大学理学部地質学科を卒業していることを知った軍医から聞かれるままに、東京科学博物館地学部で資源調査をしていると答えたところ、「肺浸潤」との理由を付けて即日帰郷を命ぜられ、徴兵を免れることになった。

1942(昭和17)年、国立科学博物館学芸官となるが、戦後のレッド・パージにより、1949(昭和24)年退職、同年研究論文「Desmostylusjaponicusを中心とする哺乳動物歯牙形態発性理論に関する一考察」により九州大学から理学博士の博士号を授与され、以後著述を主とし、各大学講師を務めながら、研究を続けることになる。

1959(昭和34)年、新しい視点からの古生物学の発展を目指す学術組織として、大森昌衛らとともに化石研究会を設立し、生物進化を追求するうえで最も重要な研究対象である化石を、地質学、古生物学、生物学、生命科学、医学、歯学、水産学、有機地球科学などいろいろな角度から研究し、化石に基づく生物進化の研究をさらに発展させるための活動を開始した。

1962(昭和37)年から始まる野尻湖発掘調査団に加わり、大衆発掘方式による調査を指導。

1963(昭和38)年、東京経済大学教授となるも、1969年(昭和44)年退職する。

その前年に、『化石』(岩波新書)を著したほか、『地球の歴史』(岩波新書、1974年)、井尻正二編・野尻湖発掘調査団著『象のいた湖』(新日本新書、1974年)、湊正雄との共著『日本列島』(岩波新書、1976年)、『ヒトの直系』(国民文庫、1977年)を著し、系統発生学や構造地質学等の研究成果を、広く一般国民に対してわかりやすく解説し、さらに、『日本列島ものがたり』(築地書館、1979年)では、子供向けに漫画を使った解説を行っている。

しかし、それらの中で説かれたのは、1800年代半ばアメリカでアパラチア山脈形成の研究から提唱されるようになり1949年に全盛期を迎えた地向斜理論であった。

　大規模な山脈の地層は、往々にして堆積岩であり、しかもその厚みが数千メートル、時に10kmになる例すらあるが、その堆積岩は荒い粒子、場合によっては礫さえも含んでいることから、浅い海で堆積したものと考えられ、「その場は浅い海であったが、堆積層の増加とともに沈降し、そのために浅い海であり続けた」とするものである。

　そして、この堆積岩層が、今までと一転して、圧縮変形して隆起したときに火山などを伴う山脈や線形の谷ができる。褶曲、圧縮、断層などを伴い、結晶性火成岩の貫入や谷の軸に沿った隆起などもあって、褶曲山脈帯となると考えられた。

　この一連の山脈の形成を説明する理論が地向斜理論と呼ばれたのである。

　特に、私達近畿地方に住む者に馴染み深いのは、黒潮古陸の考え方で、それは、急峻な近畿山地が成立するためには、かつて潮岬の南方に黒潮古陸が存在し、近畿地方との間に存在した浅い海に堆積してできた堆積岩が隆起して近畿山地が形成されたと考えられ、潮岬の南方に黒潮古陸を探す研究が進められていた時期がある。

　その後、地向斜理論に懐疑の目が向けられるようになり、1912年にドイツのアルフレート・ヴェーゲナーが提唱し、一度は葬られていた、かつて地球上にはパンゲア大陸があって、これが中生代末より分離・移動し、現在のような大陸の分布になったとする大陸移動説が見直される始めたのは、1960年代の後半であった。

　そのため、20年余の自らの地向斜研究を基に、プレート・テクトニクス理論の受容に慎重な姿勢を示した正二は批判されている（泊次郎『プレート・テクトニクスの拒絶と需要　戦後日本の地球科学史』東京大学出版会、2008年）。

　しかし、正二がプレート・テクトニクス理論に加えた批判（井尻正二＝湊正雄『地球と生物との対話』（築地書館、1982年）参照）は、新しい理論が自らをブラッシュアップすることに寄与したと評価することもできるのではあるまいか。

　正二が広く一般に対する啓蒙のために著した『日本列島ものがたり』や、

『地球の歴史』では、大陸が移動した事実そのものは肯定し、その移動が地球の自転によりもたらされたという従前の仮説に、この新しい理論が別の仮説として加わったと紹介している。

　なお、プレート・テクトニクス理論が地向斜理論を克服して、わが国の学会の通説となるのは1980年以降である。

　その後も、正二は、石井良治との共著『たのしい化石採集』(築地書館、1986年)、犬塚則久との共著『絶滅した日本の巨獣』(築地書館、1989年)、堀田進との共著『生きている化石』(築地書館、1991年)を著すなどし、広く一般に古生物の世界を啓蒙する活動をする一方、多くの研究者を育てている。

　彼の研究者としての功績は、化石の微細構造の研究に基づく古生物学の近代化と、実験古生物学の発展に力を注いだこと(井尻正二＝秋山雅彦編著『化石の世界』(大月書店、1992年))、古生物学的進化論の確立を志した点にあるといわれているが、私は、正二の最大の功績は、わが国の広範囲の人達の関心を地学、古生物学などに向けさせた点にあると考えている。

　他方で、彼は、戦後の大学教育や、象牙の塔の中にいる研究者に対しては、常にシニカルな眼を向けていた(以下の引用は、井尻正二『化石のつぶやき』(共立出版、1972年)から行った)。

　「もし日本に正しい意味での最低賃金制がしかれていて、義務教育を終わっただけの者も飢えることがない、としたら、昨今のように猫も杓子も大学、大学といってさわぐことはなかったにちがいない。(中略)現に、社会主義国ではないが、社会福祉がゆきとどいているスウェーデンなどでは、大学、大学というさわぎはないし、大学へ進学する者も少ない。そして、逆に大学では、安心して大学らしい講義や研究が行われている」。

　「その昔、日露戦争がおこなわれているのを知らずにいた学者が日本にいた、という話があるとおり、学者、とくに自然科学者には奇人がすこぶるおおい。地質学者もその例外ではなく、まず二、三の例をあげてみよう。A氏、軍人の子である彼は、某帝国大学に入学するまで、郵便はがきの十円と印刷されているところは、十円切手をはる場所と思いこんでいて、大学にはいっ

て友人に注意されるまで、はがきに十円切手をはりつづけていた」。

「学生のエネルギーと創意をくみだせないのは、学生側に欠点があるからではなく、その能力を身につけていないわれわれの側に原因があるのではなかろうか。逆に、学生のエネルギーや創意のおそろしさを知っている者は、学生を大学の運営からしめだしているのではないだろうか」。

「教育とは、まず感動をあたえることであろうに……」。

「いつの世にも、口先ばかりの自由主義者や進歩的知識人がウジャウジャしている。そのような人たちの言動の基準が、学問の自由と科学の進歩にあるのか、わがままの自由と目先の先物買いにあるのかは、自明である」。

一方、正二は、「民主主義」とは、皆で決めるということだけではなく、決めたことをみんなで力を合わせて実践することを含んだ概念であると理解していたもので、野尻湖の発掘調査でも、「ひとりの英雄も出さない」という方針を提唱している（井尻正二編『氷雪に甦り氷雪に消ゆ　天才的地質学者の思い出』（築地書館、1985年））。

野尻湖では、今日なお発掘調査が続いており、令和2年3月19日（木）から3月30日（月）までの間にも、第23次調査が素人の参加の下で行われる予定であったが、残念ながら新型コロナウイルス禍により、急遽中止されている。

しかし、これまでの間に多くの発見がなされた他、地質学や考古学などについての啓蒙活動が引続き継続されてきたのは、正二の考えが採用されたためであろう。

正二は、21世紀まで後1月を余すだけとなった1999年12月1日に死去した。享年86歳。

ひとこと 私が小学生の頃、郷里徳島県勝浦郡で中生代の化石が発見され、新聞記者であった父が取材ため現地を訪れ、シダの葉の化石を貰ってきてくれたことが切っ掛けで、以来、私は、古生物学に興味を持ち、書店で該分野の図書が刊行されれば購入してきたが、正二について執筆するに際し、本棚を調べてみると、共著を含み彼が刊行した書籍は11冊に及んでいた。

　私も、今は否定されている黒潮古陸にロマンを感じたり、彼が紹介する大陸移動説のスケールの大きさに感動したことを覚えており、正二の最大の功績は、わが国の広範囲の人達の関心を古生物学に向けさせたことにあると思う。

　発掘にあたり、参加者が民主的に議論し、民主的に作業を進めるということを実践したという点にも興味深いものがある。

第24話　南　方　熊　楠

生物学・民俗学で世界的な功績を残した破天荒な知の巨人

　鳥居龍蔵や井尻正二らと同様に、研究の場を大学に求めず、したがって、長い間わが国の大学の権威等からの評価は低いままであるが、南方熊楠についても国際的な評価が確立している。

　生物学者、民俗学者として知られる熊楠の場合には、彼自身が、大学などの研究機関に所属したり、学会に入ることや学位を受けることが大嫌いであったことが在野一筋に歩むことになった原因でもある。

　しかし、熊楠が生きた時代の日本の学者は、象牙の塔の中で横文字を邦訳して論文として発表することが研究手段であり、学会で覇を唱えることがその研究目的であったと言っても過言ではない。

　したがって、フィールドワーカーであった熊楠は、龍蔵や正二らとともに、権威主義的で閉鎖的で偏狭で嫉妬心の強い日本の学者によって形成される学会からは異端児として遠ざけられる他はなかった（ただし、今日、萩原博光『日本変形菌図鑑』（平凡社、1995年）の序では、「変形菌に対する関心の高まりには、熊楠の存在を忘れることができない」旨紹介されるに至っている）。

　熊楠は、1867年5月18日（慶応3年4月15日）、和歌山藩の城下町であった和歌山市橋丁に住む金物商の「弥兵衛」と母「スミ」の次男として出生した。

　熊楠は1873（明治6）年に雄小学校に入学し、『和漢三才図会』105巻、『本草綱目』52巻を始めとする和漢の書籍を次々と書写したと伝えられている。

　明治9年小学校を3年で終えて鐘秀中学校に進み、同校が廃校となった1879（明治12）年和歌山中学校（現・和歌山県立桐蔭高校）に進むが、生来実地に観察することを好む熊楠には、先生の教えには間違いが多いと感じられたため、授業を傾聴することなく、読書や『一切経』3300巻他の筆写、あるいは

野山での自然観察等の自学自習を続けていた。

　熊楠に博物学に進むことを勧め、分類、記録、標本作り等を指導したのは田辺市に生まれの植物学者であった中学校教師の鳥山啓であり、彼は熊楠の描いた蟹の標本図を絶賛し、それを教材に授業を進め、熊楠を感激させている。

　1883(明治16)年3月、中学校を卒業した熊楠は上京して神田の共立学校に入るが、やはり教師の知識レベルに満足できず、教室に出るより図書館通いをし、イギリスの植物学者のバークレイと北アメリカのカーチスとが刊行した『カーチス・バークレイ菌蕈類標本彙集』を読み、彼らが集めた6000点を超える7000点の菌類の収集を夢見るようになる。

　1884(明治17)年9月、熊楠は東京大学予備門に進み、考古学にも関心を抱き、発掘にも参加するが、1885(明治18)年12月、落第して学校に嫌気がさし、自主退学する。

　その後熊楠は米国留学を決意し、1886(明治19)年12月、横浜港から出発、翌年1月7日サンフランシスコに上陸、パシフィック大学に入学するがたちまち講義の内容に失望し、ミシガン州ランシン市にある州立農業学校に転校するも、米国の学問は日本のそれにも劣ると見切りをつけ、図書館での読書や、野山での自然科学上の資料集め等に励むうち、上級生の下級生苛めという寄宿舎の風習に反発する日本人学生2人と一緒に暴れたり、泥酔して寄宿舎廊下で全裸で眠り込み校長に見つかったことなどから、1888(明治21)年11月またも自主退学することになる。

　その後、ミシガン大学のある町アナーバに移った熊楠は、自学の道を選ぶが、1889(明治22)年、故郷からの送金が途絶え、生活苦に苦しむことになる。

　そうした生活の中で、『ミシガン州産諸菌集』を完成し、シカゴで菌類・地衣類を研究していた弁護士カルキンスと知り合い、その示唆を得て、菌類の採集と研究のために1891(明治24)年4月、フロリダ州に向かう。

　同州ジャクソンヴィルで食料品を商う広東人の江聖聡の住込み店員となった熊楠は、藻類のピトフォラ・エドゴニア・ヴォーシュリオィテスを発見し、

第24話

イギリスの週刊科学雑誌『ネイチャー』に発表し、アメリカの博物館からも標本と指導とを求められた。

　これに気を良くした熊楠は、スペインの植民地支配に対する原住民の反乱により、治安の悪いキューバでの採集と研究を思いつき、同年9月16日ハバナに上陸、早速新種の地衣類を発見、カルキンスを通じてパリの世界的植物学者ニーランデルが「ガレクタ・クバーナ」と命名、その発見者として、熊楠の名は世界的に有名になる。

　折からキューバを巡業中のサーカスのカリニ一座にいた日本人の曲芸師との縁により、同座に身を投じて、同年10月27日から12月末までの約2月間西インド諸島を巡業することになり、たくさんの菌類等を収集して、翌年1月9日ジャクソンヴィルに帰着。同年8月までに367種類の標本作りを終わり、その後、『フロリダ産菌標品集』521種等をまとめ上げている。

　その後熊楠はイギリスに向かい、1892(明治25)年9月14日、イングランドのユーストンに到着し、父親の友人が支店長をしていた横浜正金銀行(後の東京銀行、現・三菱UFJ銀行)ロンドン支店を訪れ、父の死と南方家の家運の傾きを知らされる。

　1893(明治26)年、たまたま知り合った日本人の紹介で、大英博物館考古学・民族学部長のサー・オーラストン・フランクスの面識を得た熊楠は、大英博物館での資料閲覧を許され、考古学、人類学、宗教学の部屋に通い、諸国の稀覯本を筆写しており、9カ国語で大判の大学ノート54冊、1万800頁に及ぶ。

　また、フランクス卿の助手として東洋の仏像・仏具の整理も手伝うが、同年10月「ネイチャー」に熊楠の書いた『東洋の星座』が掲載され、世界的な反響を呼ぶ。

　次いで、熊楠が「ネイチャー」に投稿した2回目の論文『蜜蜂とジガバチについての東洋の見解』が、当時学者間の論争で孤立していた側の正当性の立証に成功している。

　熊楠は、大英博物館で『大英博物館日本書籍目録』、『大英博物館漢籍目

　録』の編纂に協力する等して、東洋部図書頭のサー・ロバート・ダグラスから正式の館員に推薦されたが、「人となれば自在ならず、自在なれば人とならず」と、これを辞退している。

　また、熊楠は、国立ロンドン大学総長のフレデリック・ヴィクター・ディキンスから招かれた際、ディキンスが書き上げた『英訳　竹取物語』を示されて、問題点を指摘し、いったん喧嘩別れするが、後で熊楠の指摘が正しいことに気づいたディキンスは、「南方は、余が見る日本人の中で最も博学で強直無偏の人」と讃えている。

　こうして、熊楠はロンドン滞在中、「ネイチャー」に36篇、オックスフォード大学出版局の「ノーツ・アンド・クィアリーズ」に16篇の論文等が掲載されている。

　熊楠は、1893年10月後年高野山管長となる土宜法龍と出会い、1897年（明治30）年３月孫文と出会い、その後いずれとも深い信頼関係で結ばれる。

　同年10月、熊楠は大英博物館の閲覧者ダニエルズを殴打するという事件を起こし、その時は許されるも、翌年再び同様の事件を起こして大英博物館から追放され、熊楠の学才を愛するフランクス卿らの奔走で、復館が許されるが、館内での研究はダグラス部長の部屋でのみ行うという条件を提示され、自らのプライドが許さないとして博物館を去る。

　1898（明治31）年、ローマで開かれた国際連合学会で、熊楠畢生の大著『燕石考』の一部がディキンスにより代読紹介されたが、熊楠は、死ぬまでこの論文に新しい情報を追記し続け、生前に刊行されることはなかった（『燕石考』は、中沢新一編『南方熊楠コレクション　南方民俗学』（河出文庫、2015年）所収）。

　その熊楠に、ヴィクトリア・アンド・アルバート博物館や、大英博物館の分館ナチュラル・ヒストリー館から誘いがあり、一時糊口を凌ぐが、1900（明治33）年帰国を思い立ち、９月１日リバプール港を出航、10月15日神戸港に帰国する（この帰国が不本意なもので、再び海外に遊学する夢を長く捨てられなかったことについて、中瀬喜隅＝長谷川興蔵編『南方熊楠アルバム』（八坂書房、

2004年））。

　熊楠の論文は、帰国後のものも含めると、「ネイチャー」に掲載されたものが50篇（これを51篇とする説もある）、「ノーツ・アンド・クィアリーズ」に掲載されたものは323篇である。

　熊楠は、その後和歌山市内で弟夫婦との確執（彼らの亡父が熊楠のために弟に託していた遺産は、熊楠の生活や研究に資するようには使われなかったこと等）の中で暮らしていたが、1901（明治34）年11月頃から那智村天満の宿千代田屋に下宿し、菌類の採集と研究等に打ち込み、翌1902（明治35）年1月15日、やがて粘菌学の高弟、研究の助手とも、経済的支援者ともなる小畔四郎と出会っている。

　熊楠は、同年3月一度那智村の生活を切り上げるが、同年12月再び那智に戻り、山麓の巡礼宿の大阪屋に逗留し、菌類の採集と研究に没頭し、1904（明治37）年9月頃に熊野山塊で採集した菌類の図記をひとまず完了するとともに、ロンドンのディキンスとの共訳『方丈記』（翌年4月「王立アジア協会座雑誌」に掲載された）を完成させ、やがて田辺に腰をすえる。

　熊楠による風俗や伝説の採集方法の一つに、銭湯で他の客の話を盗み聞きすることがあったが、そうしたことが機縁で友達の輪が広がるにつれて、酒の暴飲と放縦な生活が目立つようになる。

　熊楠の和歌山中学校時代の同級生で田辺で医師をしていた喜多幅武三郎がこれを心配して、田辺の古刹真言宗高山寺の住職で仏教的社会主義に傾倒して「牟婁新報」（なお、その頃の編集者は荒畑寒村であった）を発行していた毛利清雅（号・紫庵）と相談し、源平の戦いに縁のある闘鶏神社（新熊野権現）の社司の娘松枝と熊楠との縁談をまとめ、1906（明治39）年7月27日、二人は結婚し、翌年には長男熊弥が誕生する。なお、長女文枝の誕生は1911年のことであった。

　1908（明治41）年には、「早稲田文学」に『古語三則』を、「東京人類学会雑誌」に『粘菌について』、「植物学会雑誌」に『本邦粘菌類目録』を掲載、翌年には、オランダのデ・ニツセル博士の依頼により週刊雑誌「フラーヘン・

エン・メデデーリンヘン」への寄稿者となり、米国農務省のスウィングル博士から翻訳依頼とアメリカへの招待状を受け取るが、訪米は断っている。なお、同博士は、1915（大正4）年に田辺を来訪し、神島を共同調査した際にも米国への招聘を再度伝えるが、やはり熊楠は固辞している。

　ところで、1906（明治39）年12月時の西園寺内閣の内務大臣原敬と神社局長の水野錬太郎が全国に神社合祀令を布告した。中央集権の強化の目的で、明治維新後、神社神道を皇室神道の下に再編しようとした国家神道政策（新村出編『広辞苑　第五版』（岩波書店、1998年））をさらに推進するために、皇室神道にそぐわない、各村々に伝わってきた多様な神を祀る神社を、淫祠の類を取り壊すという名目で、破壊しようとしたのである。

　それにより、各地方の歴史や文化、人々の繋がりの象徴となってきた神社の建物や境内地だけでなく、長年の間人の手が入ることなく守られてきた鎮守の森などの貴重な動植物等の自然も、同時に失われることになった。

　熊楠は、猛然とこれに反対し、1909（明治42）年9月、前述の紫庵が発行する「牟婁新報」に神社合祀反対の論陣を張り、1910（明治43）年、紀伊教育会主催の夏季林業講習会場に来合せていた神社合祀の推進役の県吏に詰問するため、酩酊状態で押し入り、翌日「家宅侵入」で逮捕され、17昼夜収監される（この時、監獄で新種の粘菌を発見している）が、その後、飲酒酩酊による異常な精神状態での行為として免訴となった。この判決は、熊楠を理解する裁判官の大岡裁きであったと考えられる。

　1911（明治44）年頃から、熊楠は、「エコロジー」という言葉を使用しているが、それは、単に「植物棲態学」を意味するにとどまらず、今日公害反対のキーワードとしても使用されるように、自然の破壊が、同時に地域社会の破壊にも繋がっていくことに対して、警鐘を発するものであった。

　それまでは、一自然村には必ず一つの産土の神社が鎮守の森に包まれて存在し、住民の宗教心と連帯感の拠り所となり、人々の道徳の基盤ともなっていたのであり、熊楠は、『神社合併反対意見』（初出「日本及日本人」580、581、583、584号、いずれも1912年。ただし、鶴見和子『南方熊楠』（講談社学術文庫、

1981年)からの孫引きによる)において、神社合祀令に反対する根拠を次のように説明している。

第1、合祀によっては敬神思想を高めることにはならない。

第2、合祀は人民の融和を妨げ、自治機関の運用を阻害す。

第3、合祀は地方を衰微させる。

第4、合祀は庶民の慰安を奪い、人情を薄くし、風俗を乱す。

第5、合祀は愛郷心を損ず。

第6、合祀は土地の治安と利益に大害あり。

第7、合祀は景勝史蹟と古伝を湮滅す。

南方熊楠の反対運動は、粘菌の宝庫である鎮守の森の破壊を防ぐためだけのものではなく、民俗学にも造詣が深い熊楠ならではの行動であり、これは堂々たる意見書である。

ともあれ、神社合祀令により神社の存廃選定を委ねられた府県知事以下の官吏の出世競争と、合祀により廃止される神社の破壊の一環として鎮守の森から伐られる古木の売却利権に群がる連中により、神社の統廃合は急速に進んだ。

当時の大阪毎日新聞の報道では、その結果は次のようなものであり(神坂次郎『縛られた巨人　南方熊楠の生涯』(新潮文庫、1991年))、伊勢神宮の影響大であったと思われる三重県を別とすれば、和歌山県の神社破却率が異常に高かったことが指摘されよう。

県	現存	減却	破却率
三重県	942	5547	85.5%
和歌山県	790	2923	78.7%
愛媛県	2027	3349	62.3%
埼玉県	3508	3869	52.5%
長野県	3834	2997	43.9%

熊楠が支持した各地の反対運動の中にも、実らなかった例が少なくないが、

田辺湾に浮かぶ神島にある神島神社は、新庄村の大潟神社との合祀が決まり、伐採が始まり、その代金を新庄小学校の校舎改築代金に充てることになったが、この森の伐採が漁業に大きな悪影響があることを主張して、熊楠はこれに反対し、伐採を中止させた。

そのうえで、神島については法律的な保護が必要と考え、東京大学教授の松村任三と貴族院書記官長の柳田國男に対して保護を訴え（『南方二書』といわれる）、これを受けて和歌山県は1912年に神島を魚付き保安林に指定し、その後、熊楠らの申請により、1930年には「ハカマカズラの北限自生地」として県の天然記念物に指定した。

なお、神社合祀無益の議決が貴族院を通過したのは、1920年のことであり、それまでの間、熊楠はたゆまず活動を続け、そのために7000円を費やしたとされている。

子ども向けに書かれた三田村信行作・飯野和子絵『自由の旅人南方熊楠 こどもの心をもちつづけた学問の巨人』（PHP研究所、1992年）は、正確な記述に加えて、合祀反対運動についても詳しく解説しており、全国学校図書館協議会選定の必読図書になっている。

1921（大正10）年、熊楠が発見した粘菌を、ロンドン自然史博物館の粘菌学者グリエルマ・リスターは、新種「ミナカテルラ・ロンギフィラ」（長い糸の南方の粘菌の意・現在の標準和名はミナカタホコリ）と命名し、1926（大正15／昭和元）年、イタリアの菌類学者ジアコーモ・ブレッサドーラ大僧正の『菌図譜』の出版に際し、熊楠も名誉委員に推される。

同年11月、熊楠の発見した粘菌の新種に関心を抱き、日本産の粘菌を見たいと願った東宮（後の昭和天皇）に、熊楠が品種選定した粘菌標品37属90点を進献し、1929（昭和4）年6月1日、紀南行幸の昭和天皇に田辺湾神島沖の戦艦長門艦上で進講し、キャラメルの大きな箱に詰めた粘菌標本（この標本は後に国立科学博物館に寄贈され、今は筑波実験植物園にある）をも天皇に献上し、1930（昭和5）年6月、天皇行幸を記念して、自詠自筆の次のように刻まれた記念碑を神島に建立する。

　　一粒もこゝろして吹け沖つ風
　　　　わか天皇のめてましゝ森そ
　なお、1935(昭和10)年12月24日、神島は国の天然記念物に指定されている。
　前記小畔四郎は、1936(昭和11)年の大阪毎日新聞紙上で、当時世界で知られている粘菌は320～30種、英国では200余種、米国では22種に対し、日本では240余種、その内の半分は熊楠が発見していると述べている(荒俣宏他『奇想天外の巨人　南方熊楠』平凡社、1995年)。
　1940(昭和15)年11月10日、熊楠は、学術功労者として東京での紀元2600年記念式典への招聘を受けるが、歩行不自由の理由で断る。
　1941(昭和16)年12月29日に自宅にて永眠、満74歳、死因は萎縮腎であり、田辺市稲成町の真言宗高山寺に葬られる。
　臨終の際、医者を呼ぶかと問われると「紫の花が消えるから」と拒否したという。紫色の花とは、神島でも季節になると小さな花が咲き零れる、熊楠が大好きであった楝（または棟、わが国では栴檀ともいうが、芳しい白檀とは異なる）の花である。
　熊楠の脳は大阪大学医学部にホルマリン漬けとして保存されている。熊楠本人は幽体離脱や幻覚などをたびたび体験していたため、死後自分の脳を調べてもらうよう要望していた。MRIで調べたところ右側頭葉奥の海馬に萎縮があり、それが幻覚の元になった可能性があるといわれる。
　1962年、白浜を訪れた昭和天皇が田辺湾に浮かぶ神島を見て思いを馳せ、熊楠との一期一会を懐かしんで詠んだ歌が、1965年に石碑に刻まれて、南方熊楠記念館の前庭に建立されている。
　　雨にけふる　神島を見て　紀伊の国の
　　　　生みし南方　熊楠を思ふ
　熊楠については粘菌のことが取り上げられることが多いが、彼は幅広く顕花植物や菌類等を研究し、非常に多くの標本やプレパラートを作成し、色付きの図としても残しており、粘菌に関しては、6,000点以上の標本を残し、数度にわたって変形菌(粘菌)目録を発表しており、その中には熊楠が発見し

た新種も10種ほど含まれ、キノコ類についても専門的な記載文をつけた図を3,500枚も残しているが、残念ながら、生前にそれらの記録は刊行されなかった。

また、熊楠は、卓抜な知識と独創的な思考によって、日本の民俗・伝説・宗教を広範な世界の事例と比較して論じ、当時としては早い段階で比較文化学(民俗学)を展開した他、国内でも「人類雑誌」、「郷土研究」、「太陽」、「日本及日本人」などの雑誌に数多くの論文を発表している。

語学にも極めて堪能で、英語・フランス語・ドイツ語・イタリア語・ラテン語・スペイン語について、専門書を読み込む読解力を有しており、ギリシア語・ロシア語などに関しても、ある程度学習したと考えられている。

ところで、熊楠は極めて個性的であり、猫好きであったこと、口から胃の内容物を自在に嘔吐できるという特技でケンカに負けたことがなかったこと、酒豪であり友人とともに馬鹿騒ぎや喧嘩をしては警察の世話になったこと、初対面の人には極度に人見知りをすることから会う前に飲酒し泥酔しては失敗したこと、男色(衆道)関連の文献研究も熱心に行ったこと等々の逸話に事欠かない。

しかも、熊楠自身が、1885(明治18)年1月1日から1941年12月の死去までほぼ毎日付けた日記、知人との間で交換した夥しい書簡(笠井清編『南方熊楠書簡抄』(吉川弘文館、1988年)は宮武省三宛書簡)、その一つである5万8000字に及ぶ『履歴書』と呼ばれている書簡(平野威馬雄『くまぐす外伝』(ちくま文庫、1991年))などの中では、サービス精神旺盛に誇張したり、事実に創作を加えたりしているために、熊楠の実像に迫ることは容易ではない。

筆者によっては、熊楠が父の生家の近所に住む兄弟と男色関係があったと推理したり、熊楠の幽体離脱や幻覚体験あるいは彼のいうところの「やりあて」(熊楠を多くの発見に導いた第六感)などに関心を抱く者もいるが、ここでは、それらのエピソードが伝えられていることの紹介に止めておきたい(唐澤太輔『南方熊楠 日本人の可能性の極限』(中公新書、2015年))。

また、土居法龍宛の書簡に出てくる南方曼荼羅に強い関心を抱く者もいる

が、必ずしも深い宗教的・哲学的思惟によるものと構えて考える必要はなく、熊楠は無限の多様性を持つ生物相のことを曼荼羅と呼んだ、言い換えれば彼の「エコロジー」の概念と共通するものであったと、私は理解している（松居竜五『南方マンダラ』、中瀬喜陽監修『南方熊楠（別冊太陽）』（平凡社、2012年）参照）。

　ところで、最近わが国では地方の過疎化が急速に進み、過疎地の中には、人口の50％以上が65歳以上の高齢者になり、冠婚葬祭などを含む社会的共同生活や集落の維持が困難になりつつある限界集落が現れ、将来集落が消滅することさえ危惧されるに至っている。

　その遠因の一つが、一自然村には必ず一つはあった産土神を祀る社を淫祀として取り壊し、皇室神道の下に国民を組み入れるための神社合祀令の推進と、同時に押し進められた中央集権化のための行政的側面としての地方合併であった。

　産土社の喪失により村人の宗教心が衰え、村の寄合の場が失われて親睦の機会も失われ、また、自分達の住む地域の問題を話し合いによって、民主的に決定するという自治的な習慣もなくなる中で、村人の連帯感が薄れるに至る。

　一方、産土社の破却に伴う神林などの伐採により、魚付き林が失われた結果、漁村の漁獲高が減少したり、鳥類の減少に伴う害虫の繁殖により農業に被害が及ぶなど地方経済にも影響が及んでいる。

　熊楠は、こうした人々の暮らしと職業の衰微が村の崩壊に結び付くことを、今から100年以上前に警告したのである（鶴見和子『南方熊楠』講談社学術文庫、1981年）。

　加えて、太平洋戦争後、わが国の資本主義が成熟していく過程で、村の若者は街の労働力として集められることになった。私達の子どもの頃は、中学の卒業生が「金の卵」と呼ばれて、大挙して集団就職のために都会に向かったものである。集団就職のために地方の若者が、国鉄の列車で続々と上野駅に集まった風景を記憶に留めているのは、私達の世代までかも知れない。

　しかし、今日でも、田舎には就業年齢に達した若者を吸収できるだけの職場が存在しないことに変わりがなく、次第に田舎では、残された親や祖父母が第一次産業に従事して村を守るが、老齢化に伴い離村する者が増え、挙句の果ては、限界集落が現れるに至る。

　そうすると山の猪や鹿などの獣が、近くの里の村人の生活圏にまで進出するに至り、それらの村でも農林業が成り立たなくなり、さらに人口減少を招く。

　もちろん、神社合祀令がなく、産土社が残っていたとしても、資本主義社会の成熟に伴う若者の離村を防ぐことはできなかったであろうが、若者は、村のコミュニティーに支えられる村祭りその他の行事の際には、帰郷してそれに参加することによって村との連帯感を維持することができる。

　そして、その一定数が老後故郷に帰り、父祖の土地建物を引き継いで定住し、村に残っていた人々とのコミュニティーに加わることによって、村が存続することができれば、村から出ている若者が病気になったり、収入を失った場合の貴重なセイフティネットが故郷に残ることにも繋がるのである。

　現に、私と同様、故郷の徳島県を離れて他県で暮らしていた同級生たちも、郷里の両親が死去し、自分も定年退職した後に、実家や先祖伝来の墳墓を守るために帰郷する者が一定割合いるが、その記憶の奥に、幼少年時代の故郷の懐かしい風景や生活が残っているからこその帰郷ではないだろうか。

　地方では一層の過疎化が進み、わが国の全国耕地面積と総農家数のそれぞれ約４割を占める中山間地域(中間農業地域と山間農業地域を併せた地域)では、すでに消滅集落が相当数あり、近く消滅が見込まれる限界集落も増加している。

　ちなみに、平成８年度の研究で、私の故郷がある四国において確認された消滅集落は32、限界集落は36程度であったが、その後集落の減少の速度はさらに加速しているものと私は推測している。

ひとこと 熊楠は、生物学者、民俗学者として知られるが、生物学者としては東京帝国大学から理学博士牧野富三郎、民族学者としては最後の枢密顧問官を勤めた柳田國男と同時代人である。

しかし、当時すでに国際的な評価が確立していたのは、いずれの分野でも熊楠の方であった。

生物学では、特に粘菌を始めとする菌類の研究で知られ、民俗学では比較文化学で知られるが、私は、熊楠が、民俗学の研究成果に基づき、神社合祀反対という実践活動を行った点に、魅力を感じる。

熊楠が、神社合祀令や村の合併反対運動において声高く訴えたことを、現代に生きる私達こそ、真剣に学び直し、深く考え直す必要があるのではなかろうか。

あ と が き

　私は、これまでに弁護士日記シリーズの随筆集を 4 冊刊行し、 3 冊目の『弁護士日記タンポポ』には、「幸せな時代を生きて」という副題を付けた。

　第 2 次世界大戦後、しばらく民主主義が尊重された僅かな時代に、生まれ、育つことができたという実感が、その副題の背景にある。

　今日の日本でも、共産圏の国々や後進国家と比較し、わが国は民主主義の国であると考えている人々が大半を占めているにもかかわらず、私には今日の日本は民主主義国家ではないと考えられるのはなぜであろうか。

　民主主義は、個人が尊重される国にこそ育つものであり、個人が軽視され、自己責任の名の下に利己主義がはびこる国では、ごく一部の富裕層のための政治体制が成立し、個が疎かにされるため、民主主義が育たないからである。

　今日の日本は、ごく一部の富裕層と、彼らの国内外の利権を守るための軍国主義者に支配され、その結果、資本主義の暴走と、日米軍事同盟の一層の強化が進み、国民は、それらの経済や政治に貢献する先兵となるように強制され、そのことに気づかないまま、自由権のみならず、生存権等の国民の権利が、ないがしろにされつつある。

　すでに憲法は風前の灯火である。

　ところで、わが国で最近問題となっているいじめ、校内暴力等は、小学校 5 年生頃から高校生頃までの青年前期の身体的な成長に伴う、性差の自覚や、親への依存の低下、自我の芽生えに伴う不安などを、他への攻撃や、反対に自己否定等の問題行動の引き金とするものであるから、いじめや校内暴力の攻撃性は普遍的な要因に基づくものであり、世界中で見られる問題である。

　ヨーロッパ等の教育界では、すべての子どもが成長の過程で直面するこの問題に対しては、青年前期の子どもの独り立ちの過程を支援し、強い自我の形成を助けることによって、自ら克服させることが解決策であると考えているように思われる（今津孝次郎『学校と暴力』（平凡社新書、2014年）、岩竹美加子『フィンランドの教育はなぜ世界一なのか』（新潮新書、2019年））。

　しかし、わが国では、青年期前期の子どもが真に必要としている支援を、

教育を通じて与えるのではなく、それとは真反対に、教育の荒廃を口実として、むしろ、青年前期の子どもから個性を奪い、自ら考えることを放棄して、権威に従順な子どもに育てようと意図する、政治家による教育への介入が顕著であり（斉加尚代＝毎日放送映像取材班『教育と愛国』（岩波書店、2019年））、わが国の教育行政や、教師を育てる各大学も、唯々諾々として、それに従っているようにみえる。

その結果、わが国の教育は、今ではヨーロッパと比べて３周遅れになっているとも指摘されている。

１周目は、「啓蒙主義による権威主義からの解放としてのヒューマニズムや科学的実証主義への強い信頼の欠如」、２周目は、「人々が、お互いに同じ社会で受け入れ合い認め合って一緒に社会をつくっていくための『機会均等』の意識の欠如」、３周目は、「西洋に育った人権意識を、西洋文明以外の文化的背景を持つ人々と分かち合おうという意識の欠如」だそうである（尾木直樹『変われるか？日本の教育』（新日本出版社、2009年））。

要するに、今日のわが国の教育が、人権意識と科学的実証主義とを身に付け、機会均等意識を持ち、文化多様性を受容できる見識のある自立した自我を備えた若者を育てるという教育の原点には、決して根差していないということである。

また、現在の教育行政は、統一テストの結果等によって、学校の優劣や先生の優劣を計り、学校の統廃合や先生の処遇に反映させようとする傾向があるが、知識偏重と成績比較のためのテストの成績を上げるための教育だけで、本当に将来わが国を背負う人々を育成することができるのであろうか。

たとえばわが国の令和元年度の全国の中学生の数は321万8,137人（令和元年度学校基本調査より）であるが、この教育行政は、成績優秀者以外の生徒に対しては教育無用と考えていることに通じる。

その内30万人の生徒が将来わが国のエリートとして活躍するとして、残りの290万人を超える生徒も成長し、わが国の各種産業の担い手として働くからこそ、わが国の国民総生産が確保されるのではないか。わが国の国民総生産を維持、上昇させようとするのであれば、むしろ、エリートの選別・育成

だけではなく、その他大勢の生徒にも、わが国の各種産業の働き手として、また、わが国に流入する外国労働者の友人として、さらには、グローバルな世界的な視野を持つ産業人として活躍してもらうために、適切な教育を施すことが喫緊の課題である。

そして、人権意識と科学的実証主義を身に付け、機会均等意識を持ち、文化多様性を受容できる見識のある自立した自我を備えた若者をつくるには、それぞれの個性に応じた教育が不可欠であり、その推進を図ることと、まず、一人ひとりの生徒に自らを恃む心、自分の考えと命とを大切と考える心を育てさせることとは、不離一体の関係にある。

個が確立しないところには、他者に目を配り、他者を慮る心が育たないからである。

その意味で、私は、個人主義の大切さを痛感する。

それにしても、不思議に思われるのは、国公立の大学の教育学部で学んだ卒業生が教育に携わっているのに、なぜ周回遅れの教育しか施せないのかということである。

本書第22話で紹介した鳥居龍蔵の『ある老学徒の手記』が岩波文庫として2013年に発行されるに際し、解説を書いた田中克彦は、その中で、「日本は今日、我々自身が招いてしまった、息苦しいがんじがらめの学校信仰の支配下にあり、学問全体が牢獄に閉じこめられて窒息してしまいそうな状況である」として、より良き生活のために、より有名大学に進みたい、進ませたいという多くの国民の願望の陰で、「私の言語学を引き合いに出していえば、今日では大学人ですら、チョムスキーの理論に帰依した人は、それを批判する人に耳をかさないし、ソシュールを紹介する人は、彼の残したノートを、まるで信心にこりかたまった人が、お経の一語一句をつつきまわすようにしさいに調べるけれども、そこで終わってしまい、そのお経の外にあるものが見えなくなってしまうのである。そして、見えなくなってもやっていけるように保証してくれるのが、現代の大学における学問のあり方である。これでは、学問をやったために、かえってものが見えなくなってしまうのである」というお粗末な大学の現状を紹介して、わが国の大学が最早最高教育機関に

全く値しないと語ると同時に、その大学を「ちょっと小ばかにする好ましい伝統もなお残っている」として、そこに将来の希望を託そうとするのである。

2001年にノーベル化学賞を受賞した野依良治科学技術振興機構研究開発戦略センター長は、2019年9月4日の毎日新聞紙上に「教育改革のあり方」と題して興味深い提言を行っている。

「教育には二つの側面がある。一つは、国民それぞれが人生100年を生きるために必要な知性や技能を身につけること、もう一つは、その集積として健全かつ品格ある国家をつくることである。しかし、最近の日本の学校教育は硬直化し、時代が求める人材を育成できていない。時代は多様な人材を求めているのに、日本の教育は逆に画一化へ進んでいる。

（中略）教育で最も大切なことは、将来社会の不確実性に備えることである。当然、将来の予見は難しいが、その方針を全面的に国家へトップダウン的に委ねるのではなく、教育界がより自律的に決める仕組みがあっても良いのではないか。（中略）教育は大学に入るためのものでも、強権者や大金持ちを育てるためのものでもない。旧来の『力は正義なり』という論理から脱却する『価値観のイノベーション』を起こし、国際的な協調と人類文明の持続に貢献する人材をはぐくむものであって欲しい」。

私は、5冊目の随筆集を刊行するに際し、一時、急速に右傾化、軍国化するわが国の姿をテーマに選ぶことを考えたが、古希を過ぎて、思いのたけを述べる時間が次第に少なくなりつつあることに思いを致し、取りあえず、それは社会学者や歴史学者に委ね、私自身は、自らの本棚にある沢山の書籍から、私が好きな24人ばかりの人物を選んで、個人主義、言い換えれば「自分を生きる」ということがいかに貴重なものであるか、そのことこそが、一人ひとりの人生を豊かなものにしてくれるのだということ、そして、そうした個人主義者によってはじめてわが国の今日までの文化や社会が継承され、さらに改善されつつ、今日に至っていることを、私なりに紹介してみたいと思うに至った。

そこで、本随筆の書名を『弁護士の本棚栴檀』、副題を「自分らしく生きた人々」とし、表紙には第24話の南方熊楠が臨終の際に瞼の裏に見た「栴

檀(だん)」の花の写真を、裏表紙にはその実の写真を掲げることにした。

法学博士で大阪弁護士会所属の今中利昭弁護士には、大阪地裁倒産部在籍中に面識を得、1979年頃に倒産法研究会を設立された際にお誘いいただいたことが御縁で、私は以来40年余にわたり御指導いただいてきたが、本書に対して、出版の意図をご理解いただき、熱い心の籠った推薦文を頂戴することができた。

また、民事法研究会の田口社長には、本書の出版にも御快諾をいただいたばかりか、原稿にもお目通しいただき、編集部の松下寿美子氏にも多大な御協力をいただいた。

心から感謝し、御礼を申し上げる次第である。

最後になったが、闘病生活の末1985年に数え61歳で死去した父邦一(『弁護士日記すみれ』64)が、大阪読売新聞記者時代に「偏骨列伝」を連載していた思い出が本書執筆の動機の一つになっていることを記し、本年３月数え95歳で死去した母薫子の冥福を祈るとともに、長年亡父の看護や亡母の介護に献身的に尽くしてくれた妻恵子に心から感謝し、この３人に本書を捧げたい。

令和２(2020)年11月吉日

【著者略歴】

四宮　章夫(しのみや　あきお)

〔略　　歴〕　昭和48年３月司法修習終了、昭和48年４月判事補任官、昭和56
　　　　　　年判事補退官、大阪弁護士会登録

〔主な著書〕　『倒産法実務大系』(共著・民事法研究会)、『弁護士日記山ざく
ら』『弁護士日記タンポポ』『弁護士日記すみれ』『弁護士日記秋桜』(単著・
民事法研究会)、「会社整理における立法的課題」ジュリスト1111号81頁、
「プロフェッショナルとしての自覚と倫理」市民と法21号104頁、『よくわか
る民事再生法』(経済法令研究会)、『よくわかる個人債務者再生法』(経済法令
研究会)、「DIP型の更生手続」債権管理95号157頁、『よくわかる入門民事再
生法』(共著・経済法令研究会)、『書式　民事再生の実務』(共著・民事法研究
会)、『注釈　民事再生法』(共著・金融財政事情研究会)、『書式　商事非訟の
実務』(共編著・民事法研究会)、『Ｑ＆Ａ民事再生法の実務』(共編著・新日本法
規)、『一問一答私的整理ガイドライン』(共編著・商事法務研究会)、『一問一
答改正会社更生法の実務』(共編著・経済法令研究会)、『企業再生のための法
的整理の実務』(編集・金融財政事情研究会)、『最新事業再編の理論・実務と
論点』(共編著・民事法研究会)、『あるべき私的整理手続の実務』(共編著・民
事法研究会)、「私的整理における商取引の債権の保護」今中利昭先生傘寿
記念『会社法・倒産法の現代的展開』(共編著・民事法研究会)690頁、「私的
整理普及のための研究の必要性」伊藤眞編『これからの民事実務と理論』
(民事法研究会)、「私的整理における弁護士懲戒処分の研究」弁護士法人関
西法律特許事務所編『関西法律特許事務所開設五十五周年記念論文集　民
事特別法の諸問題　第六巻』(第一法規)、「私的整理の研究１～12」(産大法学
48巻１・２号259頁、49巻１・２号128頁、49巻３号50頁、49巻４号98頁、50巻
３・４号235頁、51巻１号131頁、51巻２号127頁、51巻８号237頁、52巻１号131
頁、52巻２号201頁、52巻３号45頁、52巻４号137頁)など多数。

〔事務所所在地〕　コスモス法律事務所
　　　　　　　　〒541-0041　大阪府大阪市中央区北浜３丁目２番25号
　　　　　　　　京阪淀屋橋ビル６F
　　　　　　　TEL　06-6210-5430　　FAX　06-6210-5431
　　　　　　　E-mail：a-shinomiya@cosmos-law-office.com
　　　　　　　URL：http://cosmos-seifuan.com/

弁護士の本棚　栴檀
　　　　　　せんだん
　　　　　　——自分らしく生きた人々

令和3年1月8日　第1刷発行

定価　本体1,500円＋税

著　者　　四宮　章夫
発　行　　株式会社　民事法研究会
印　刷　　文唱堂印刷株式会社

発行所　株式会社　民事法研究会
〒150-0013　東京都渋谷区恵比寿3-7-16
〔営業〕TEL 03(5798)7257　FAX 03(5798)7258
〔編集〕TEL 03(5798)7277　FAX 03(5798)7278
http://www.minjiho.com/　info@minjiho.com

落丁・乱丁はおとりかえします。　ISBN978-4-86556-406-8　C0095　￥1500E
カバーデザイン：関野美香